JO SEMOLAS

BREAD *ventures*

CREATIVE BREAD-PAIRING –
BROTE IN IHRER SCHÖNSTEN FORM

Food-Fotografie Hubertus Schüler
Porträts Martin Steffen

Herzhaftes Mandelbrioche-Sandwich

Teigstangen mit Wirsing, Hack und Bergkäse

Sesambagel „Egg in a hole“ mit Garnelen

Bao-Buns „BBQ-Asia-Style“

Brotlaib „Flammkuchenstyle“

Croissants mit Mandel-Sahne-Creme

Hot-Cross-Buns mit Honig, Zimt und Rosinen

Pizzaknoten mit Tomaten, Mozzarella und Pinienkernen

Panuozzo mit Schinken und gerösteter Karottencreme

Rezepte

Willkommen IN MEINEM BUCH: „BREADVENTURES“!

Gutes Brot verdient die besten Toppings und Füllungen. Deshalb habe ich mich darauf konzentriert, neue coole Brot-Kombis zu kreieren.

Brot-Abenteuer oder Abenteuer mit Brot – das bedeutet für mich, kreativ zu werden, alte Klassiker zu perfektionieren und neue, ausgefallene Geschmackskombinationen zu entwickeln. Begib dich mit mir in die Welt des Bread-Pairings und lasse dich von diesem Buch zu ganz neuen kulinarischen Höhenflügen inspirieren!

Egal, ob zum Frühstück, Mittagessen oder Abendbrot, zum Snacken, zum Grillen oder für die nächste Party, da ist für jeden was dabei.

Let’s have breadventures together!
Liebe Grüße

Jo

DIE IDEE VON

BREAD *ventures*

SCHON MAL WAS VON FOOD-PAIRING GEHÖRT?

Food-Pairing ist ein relativ neues, aromenorientiertes Konzept. Auf den ersten Blick unkonventionelle Zutaten werden dabei so kombiniert, dass sie perfekt aufeinander abgestimmt sind und zu völlig neuen Geschmackserlebnissen führen. Dafür braucht es Experimentierfreudigkeit, Mut und ein hohes Maß an Fantasie.

Food-Pairing kann man daher durchaus als Kunst bezeichnen, und genau diese Idee hat mich dazu inspiriert, kreativ zu werden. Basierend auf unterschiedlichen Brot- und Gebäcksorten habe ich ungewöhnliche, aber auch bekannte und klassische Rezepte mit verschiedenen Aufstrichen, Belägen und Füllungen kombiniert und weiterentwickelt. Im Ergebnis sind für mich so völlig neue Geschmackshorizonte entstanden.

Bread-Pairing eben. Lass dich also überraschen!
Viel Spaß beim Backen.

HIMMLISCH GUT UND HÖLLISCH LECKER: FOOD-PAIRING

Jeder von uns kennt das, glaube ich: den Geruch von frisch gebackenem Brot oder einem Kuchen, der gerade aus dem Ofen geholt worden ist. Die meisten von uns verbinden damit Kindheitserinnerungen, ein schönes, wärmendes Gefühl.

Aber auch schon unsere Omas wussten, dass es manchmal der Gegensätze bedurfte, damit das Gebäck so unwahrscheinlich gut schmeckte. Eine Prise Salz in den süßen Teig war ein Muss, um zu einem perfekten Ergebnis zu kommen. Warum ist das so? Eigentlich widerspricht sich das doch.

Ganz einfach: Das Salz dient, ähnlich wie auch Fett, als natürlicher Geschmacksverstärker. Es hebt die Süße des Zuckers im Gebäck noch einmal hervor. Genauer gesagt verstärkt das Salz die Fähigkeit der Geschmacksrezeptoren, Süße zu erkennen, und blockiert darüber hinaus zu einem gewissen Maß die Empfindung von Bitterkeit. Gegensätze ziehen sich an, auch beim Essen.

Dieses Prinzip stößt natürlich irgendwann an seine Grenzen. Ich kann nicht löffelweise Salz in den Kuchenteig kippen und darauf hoffen, dass der Kuchen dadurch immer süßer wird. Dafür bieten sich dann wiederum andere Kombinationen an, denen ein Mehr an Salz guttut. Wie wäre es zum Beispiel mit einer Salz-Karamell-Kombination als Topping für ein blättrig-buttriges Pan au chocolat?

GESCHMACKS-VIELFALT OHNE GRENZEN

Food- und Bread-Pairing bieten nahezu unbegrenzte Kombinationsmöglichkeiten. Das Prinzip besteht dabei in einem fein abgestimmten Zusammenspiel von Zutaten und Aromen. Auf unserer Zunge können wir als Grundgeschmack süß, sauer, salzig, bitter und umami erschmecken. Pairing ist der harmonische Zusammenklang dieser Möglichkeiten. Bei den Geschmackskombinationen können sich die Elemente entweder umschmeicheln und ausgewogen zueinander stehen – oder betont kontrastreich, um eine gewollte Spitze zu setzen.

Süße ist dabei nicht gleich Süße. Man denke nur an die verschiedenen Reifegrade von Obst oder die geschmacklichen Nuancen von Zucker, Honig, Karamell und Ahornsirup.

FORTSETZUNG

GESCHMACKS-VIELFALT OHNE GRENZEN

Das Gleiche gilt für die Schärfe: Paprika, unterschiedlichste Chilisorten, Würzsaucen, Ingwer, Pfeffer ... dies alles ist unglaublich variantenreich.

Auch Säure als Antagonist der Süße kann einen Geschmack heben. Denkt man über die Klassiker wie Essig und Zitrone hinaus, so lassen sich zum Beispiel fermentiertes Gemüse, Käse und andere Milchprodukte sowie Früchte und Beeren verwenden. Auch unser gutes altes Sauerteigbrot kann dazu dienen, einer Geschmackskombination das richtige Maß an Säure zuzuführen.

Vor allem Süße, Säure und Schärfe eignen sich hervorragend, um mit ihnen zu spielen und der Fantasie freien Lauf zu lassen. Aber auch die besonders gesunden Bitterstoffe, in vielen Kräutern, Gemüsen und Salaten enthalten, bieten sich dafür an. In Form von Nüssen und Samen verleihen sie einem Gericht zusätzlich noch das entsprechende Crunch-Feeling. Püriert wiederum können sie für eine besondere Cremigkeit und Komplexität sorgen, wie man es etwa von Tahin oder auch Nussmusen kennt.

Die fünfte Geschmacksrichtung, Umami, lässt sich in einer Reihe von natürlichen Zutaten finden. In den Rezepten dieses Buches erzeuge ich den besonderen Umami-Geschmack zum Beispiel mithilfe von Hefe oder Algen, Sojasauce, Parmesan, Tomaten, Pilzen, Oliven, gebratenem Fleisch, Sardellen und fermentiertem Gemüse. Durch diese Zutaten erhalten die Rezepte eine besondere Geschmackstiefe.

Fett ist dabei einer der wichtigsten Geschmacksträger überhaupt. Man kann dafür gesunde Öle nutzen, doch auch Brot oder Gebäck bieten über die oftmals im Teig vorhandene Butter diesen Vorteil.

VON BUNS BIS BRIOCHE: DIE VIELFALT DES BREAD-PAIRINGS

Für mich als leidenschaftlichen Bäcker hat Brot oder Gebäck in meinen Rezepten natürlich immer einen besonderen Stellenwert. Oftmals unterschätzt, kann es einem Gericht genau den richtigen Kick geben, den es für ein außergewöhnliches Geschmackserlebnis benötigt. Geschmack und Textur sind so vielfältig, man denke nur an fluffige asiatische Buns, ein kräftiges Roggenbrot, knusprige Brötchen, eine zarte Brioche, eine herzhafte Foccacia, salzige Laugenbrezeln, süße und herzhafte Muffins, buttrig-blättrige Croissants ... und, und, und. Das ist für mich Food-Pairing in seiner schönsten Form: Bread-Pairing!

Ich möchte euch zwei Beispiele dafür geben, ausgewählt aus den Rezepten in diesem Buch, wie mit verschiedenen Zutaten und Aromen einzigartige Geschmackserlebnisse erzeugt werden können. Einmal herzhaft, einmal süß.

Beim griechischen Sandwich mit Ziegenkäse und Artischocken (S. 120) dient bereits das knusprige Sandwichbaguette aufgrund der enthaltenen Hefe als natürlicher Geschmacksverstärker. Süße erreiche ich mit der Zugabe von Honig und roter Zwiebel, in Walnüssen und Artischocken finden sich die gesunden Bitterstoffe, und die Zitrone bringt wiederum das notwendige Maß an Säure mit. Oliven sorgen für viel Umami, und das Fenchelgrün kann mit seinen ätherischen Ölen dieses Empfinden unterstützen. Der warme Ziegenkäse schafft durch seine cremige Konsistenz ein angenehm wohliges Mundgefühl. Die leichte Milchsäure steht im Kontrast zum Honig, und seine Cremigkeit hat im Crunch der Walnüsse einen geschmackvollen Gegenspieler. Eine klassische Kombination aus Ziegenkäse, Walnüssen und Honig neu gedacht.

Beim karamellisierten Sauerteigbrot mit Vanilleeis und Beeren (S. 138) finden wir unseren Hauptdarsteller im Brot. Es bereichert die Kreation schon allein über die typische Säure des Sauerteigs, das Karamellisieren des Brots sorgt gleichzeitig sowohl für Süße als auch für Knusprigkeit. Unterstützt wird der süße, cremige Charakter durch die Nuss-Nugat-Creme und natürlich die Karamellsoße. Als Gegenspieler dient zum einen die Rauchmandel mit ihrer rauchigen Bitterkeit und dem typischen Crunch, zum anderen die leichte Säure der Beeren. Zum krönenden Abschluss geben wir kaltes Vanilleeis auf das warme Brot. Eine unwiderstehliche Kombination aus heiß und kalt, cremig und kross, süß und säuerlich frisch ...

GESCHMACKS-KOMPOSITIONEN ZWISCHEN WISSENSCHAFT UND GENUSS

Ihr merkt, aus Food-Pairing kann man eine Wissenschaft machen und tief in der Wunderwelt der biochemischen Reaktionen versinken. Man denke nur an die Prozesse, die wie die Maillard-Reaktion beim Rösten von Lebensmitteln ablaufen, oder auch schlicht und einfach an das Karamellisieren. An mikrobielle Umwandlungen durch Bakterien und Pilze, wie sie beim Fermentieren oder beim Arbeiten mit Hefe entstehen. An Säure-Basen-Reaktionen, die das Fleisch zarter machen können ...

Das Wichtigste ist aber, mit allen Sinnen zu genießen: Geschmack, Geruch, Optik, Textur und Mundgefühl – um dieses Gesamterlebnis geht es mir. Darum, Kontraste durch neue Spannungsbögen zu schaffen oder bekannte Kompositionen neu zu entdecken!

DAS 1×1 DES BROTBACKENS

EINFACHER EINSTIEG INS BACKEN

Du brauchst nicht viel Vorwissen, um mit dem Backen zu beginnen. Die Rezepte in diesem Buch sind so gestaltet, dass du direkt loslegen kannst. Dennoch werden dir einige Grundkenntnisse den Einstieg erleichtern und dein Backvergnügen steigern.

DIE TEIG-VORSTUFEN

Natürlich gibt es Rezepte, bei denen alle Zutaten auf einmal zu einem Teig verarbeitet werden können. Für manche Teige ist es aber notwendig, zunächst einen Vorteig anzurühren, um das perfekte Geschmackserlebnis zu erhalten. Durch die stufenweise Verarbeitung werden Mikroorganismen vermehrt, Aromastoffe gebildet und überschüssige Flüssigkeiten gebunden. Zusätzlich verquellen Stärke, Ballaststoffe und Proteine optimal. Das verbessert nicht nur die Teigeigenschaften während der Verarbeitung, sondern gibt dem Backwerk auch ein spezifisches Aroma und ermöglicht eine längere Frischhaltung bei der späteren Lagerung. Im Folgenden habe ich mich zunächst auf einige gängige Vorteige und Verfahren konzentriert, mit denen ich in meinen Rezepten hauptsächlich arbeite.

AUTOLYSE-TEIG

Bei der Herstellung von Brot spielt der sogenannte Autolyse-Teig eine wichtige Rolle. Bei dieser Vorstufe werden lediglich Mehl und Wasser ohne Zugabe weiterer Zutaten miteinander vermischt. Es sollte nur so viel Wasser hinzugefügt werden, wie das Mehl aufnehmen kann. Der Teig sollte also eine dicklich-klebrige Konsistenz haben, die problemlos geformt werden kann. Die Mehl-Wasser-Mischung, die kein Triebmittel enthält, lässt man dann abgedeckt für ca. 1 Stunde ruhen. Der Prozess, der sich währenddessen vollzieht, wird als Autolyse bezeichnet. Da auf diese Weise Proteine und Stärke quellen können, entwickelt sich ein Glutengerüst, das bewirkt, dass der Teig später weniger lang geknetet werden muss.

BRÜHSTÜCK

Zutaten wie Saaten, Schrot, Nüsse und Trockenfrüchte würden dem Teig beim Backvorgang Flüssigkeit entziehen. Das Ergebnis wäre ein unerwünscht trockenes Gebäck. Deshalb werden sie vor dem Backen mit kochendem Wasser übergossen, um dann einige Stunden darin zu ziehen. Der Quellvorgang lässt die harten Zutaten weicher und bekömmlicher werden und erhöht den Wasseranteil im Endprodukt. Auch hier sollte nur so viel Wasser verwendet werden, dass ein sehr dicker Brei entsteht.

HEFESTÜCK

Das Hefestück wird gerne als Vorteig für einen Hefeteig verwendet. Es ist ein Gemisch aus Mehl, Hefe, Wasser oder Milch und Zucker oder Malz. Es dient dazu, die Hefezellen zu vermehren, bevor dem Teig gärhemmende Zutaten beigemischt werden. Je weniger Reifezeit man dem Hefestück gibt, desto mehr Hefe und Mehl sollte der Vorteig enhalten. Das variiert zwischen 5 % und 30 % der Gesamtmehlmenge im jeweiligen Rezept. Durch dieses Vorgehen erreicht man eine komplexere Geschmacksentwicklung und eine bessere Konsistenz der Backstücke.

MEHLKOCHSTÜCK/ KOCHSTÜCK

Dafür wird Mehl mit Milch, Wasser oder einer anderen Flüssigkeit zu einer dicklichen, sämigen Masse eingekocht. Durch das Aufkochen wird Stärke im Mehl gelöst und verkleistert. So kann sehr viel Feuchtigkeit aufgenommen werden. Brote mit diesem Vorteig werden weicher und luftiger und bekommen eine schöne saftige Krume. Auch die Haltbarkeit verbessert sich.

POOLISH

Der Poolish verleiht dem fertigen Brot ein intensives Aroma und sorgt für eine längere Frischhaltung. Für seine Zubereitung werden Mehl und Wasser in einem Verhältnis von 1:1 gemischt. Hinzu kommt eine sehr geringe

FORTSETZUNG
POOLISH

Menge Hefe, typischerweise nehme ich 0,1 g frische Hefe (das entspricht in etwa der Größe eines Reiskorns). Diese Mischung lässt man dann für etwa 8–12 Stunden bei Zimmertemperatur ruhen. Brote, die mit einem Poolish zubereitet werden, bekommen eine besonders aromatische Krume und eine schöne krosse Kruste.

SALZ-HEFE-GEMISCH

Dabei handelt es sich um eine Mischung aus Wasser, Salz und Hefe im Verhältnis 10:1:1. Die Zutaten werden zusammengerührt und für mindestens 4 Stunden kalt gestellt. Aufgrund des sogenannten Salzstresses bildet die Hefe Glycerin aus, das wiederum als natürliches Backmittel wirkt. Glycerin bindet Feuchtigkeit im Teig und hemmt das Wachstum von Mikroorganismen, was beides der Haltbarkeit zugutekommt. Zudem wirkt das Glycerin als natürlicher Emulgator. Backwaren, die mit dem Salz-Hefe-Gemisch zubereitet werden, sind elastischer, stabiler und leichter formbar.

SAUERTEIG

Sauerteig verdient eigentlich ein eigenes Kapitel in jedem Backbuch. Die Basis ist eine Mischung aus Mehl, das von Natur aus mit wilden Hefen und Milchsäurebakterien durchsetzt ist, und Wasser. Haben die Zutaten die nötige Zeit und eine konstante Temperatur, beginnt ein Fermentierungsprozess, der dem Teig bei der Verarbeitung Volumen verleiht, komplexe Aromen und Säuren entwickelt und das Brot länger haltbar macht.

Für jeden Sauerteig benötigt man zunächst einmal das **Anstellgut.** In einem hohen Schraubglas werden je 20 g Mehl und kaltes Wasser verrührt und locker abgedeckt (den Deckel einfach lose auflegen). Nun an einem warmen Ort bei 26–28 °C stehen lassen. In den folgenden drei Tagen wiederholt man diese Prozedur täglich: jeden Tag 20 g Mehl und 20 g Wasser hinzugeben und verrühren. Am fünften Tag ist auf diese Weise ein leicht blubberndes und angenehm säuerlich riechendes Anstellgut entstanden, das nun entweder direkt verbacken oder weiter gefüttert werden kann.

Das Anstellgut wird während der Reifezeit wahrscheinlich einige seltsame Dinge veranstalten: Es blubbert vor sich hin oder tut gar nichts, riecht seltsam, oder es setzt sich Flüssigkeit ab … alles kein Grund zur Sorge. Solange sich kein Schimmel bildet, bist du auf dem richtigen Weg.

Eine einmal gewonnene Sauerteigbasis lässt sich immer wieder verwenden. Dafür muss man das Anstellgut **füttern, auffrischen und aktiv halten.** Direkt am fünften Tag nimmt man eine kleine Menge des Anstellgutes ab und füllt diese wiederum in ein hohes Schraubglas. Nun verdünnt man die Masse im Verhältnis 1:4:4 (ein Teil Anstellgut, vier Teile Mehl und vier Teile Wasser), die sogenannte **Erstauffrischung**. Gut verrührt und locker abgedeckt lässt man die Mischung idealerweise bei 28 °C reifen (Raumtemperatur geht auch, dauert aber länger), bis sie das größte Volumen (Vollreife) erreicht hat und wieder in sich zusammenfällt (Peak). Das sollte im Normalfall etwa 4–6 Stunden dauern. Nun kannst du das Schraubglas verschließen und im Kühlschrank lagern.

Um den Sauerteig **aktiv und lebendig** zu halten, muss diese Prozedur nun alle 2 bis 3 Tage wiederholt werden. Etwas Anstellgut abnehmen, im Verhältnis 1:4:4 verdünnen, reifen lassen und ab in den Kühlschrank damit.

Die Sauerteigreste, die bei jeder Auffrischung anfallen, kann man sehr gut unter alle möglichen Teige mischen. Sie verleihen den Backwaren ein joghurtartiges, leicht säuerliches Aroma. Das ist besonders bei süßen Teigen ein angenehmer Kontrast.

TEIGVERARBEITUNG – VON HAND ODER MIT DER KÜCHENMASCHINE

Der Erfolg beim Brotbacken hängt vor allem davon ab, dass man erkennt, wann ein Teig geformt werden kann, also die Reife richtig ist. Hat man ihn dann in die gewünschte Form gebracht, ist alles Weitere sehr einfach und nahezu selbsterklärend.

KNETEN VON HAND

Beim traditionellen Kneten von Hand wird der Teig auf einer bemehlten Arbeitsfläche mit den Händen bearbeitet. Die Zutaten werden gut miteinander vermengt, der Teig wird gedehnt und geknetet, um eine elastische Struktur zu erreichen. Je länger du knetest, umso besser. 10 Minuten sind z. B. schon richtig gut. Auch wenn die Muskeln schmerzen: Knetet wenigstens einmal von Hand, um ein besseres Verständnis für den Teig und dessen Entwicklungsstufen während des Knetprozesses zu bekommen.

KNETEN MIT DER MASCHINE

Da das Kneten von Hand recht anstrengend sein kann, empfiehlt es sich vor allem bei größeren Teigmengen, eine Küchenmaschine oder eine Teig-Knetmaschine zu verwenden. Der Vorteil ist, dass der Knethaken sich in einer kreisförmigen Bewegung um die eigene Achse und gleichzeitig am Rand der Schüssel entlang dreht. Dadurch wird der Teig optimal durchgeknetet. Nachteilig jedoch ist, dass der Teig relativ schnell durch Reibung erwärmt wird und eine größere Teigmenge durch die Unwucht in der Schüssel wandern kann, manchmal auch hoch ins Rührwerk. Hier hilft es, den Rührvorgang zu unterbrechen und den Teig (unbedingt bei ausgeschaltetem Motor!) mit dem Teigschaber wieder zurück in die Form zu drücken.

DIE WICHTIGSTEN TECHNIKEN

Ist der Teig erst einmal geknetet und hat er gegebenenfalls bereits durch eine Ruhephase die nötige Reife oder Gärung erreicht, muss er meist noch weiterverarbeitet werden. Dies dient entweder dazu, die Teigeigenschaften weiter zu optimieren oder ihn in die nötige Form zu bringen. Dafür bieten sich verschiedene Techniken an. Hier habe ich euch die Methoden aufgeschrieben, die ich für die Rezepte in diesem Buch verwende. Zu einigen grundlegenden und immer wiederkehrenden Techniken habe ich dir extra noch eine Videosammlung erstellt, auf die du per QR-Code, der hier rechts abgedruckt ist, Zugriff hast.

DEHNEN UND FALTEN

Durch Dehnen und Falten wird die Entwicklung des Klebergerüsts im Teig unterstützt. Er erhält so die notwendige Struktur, Elastizität und Dehnbarkeit, um ein gutes Volumen beim Backen zu erzielen. Mit dem Dehnen und Falten lässt sich also die Qualität des Brotes verbessern. Insbesondere bei Teigen, die einen höheren Wassergehalt aufweisen, also eine eher weiche Konsistenz haben, wird diese Technik benutzt.

Auf einer leicht bemehlten Arbeitsfläche wird der runde Teig grob zu einem Quadrat, Rechteck oder Kreis ausgezogen. Nun klappt man jede Seite zur Mitte hin um, sodass alle Seiten überlappen und übereinandergefaltet sind. Dann wird der Teig erneut rund geformt und darf sich abgedeckt entspannen. Dieser Vorgang wird so lange wiederholt, bis der Teig eine glatte und elastische Konsistenz erreicht hat.

LANGWIRKEN, RUNDSCHLEIFEN UND RUNDWIRKEN

Neben der Optik entscheidet die Form eines Brotes auch über Kruste und Struktur. Egal ob man sich für ein rundes oder ein längliches Brot entscheidet, wichtig ist, dass der Teig straff geformt wird. Dadurch hält er seine Form besser und läuft später beim Backen nicht in die Breite, wenn man keine Backform verwendet.

FORTSETZUNG

LANGWIRKEN, RUNDSCHLEIFEN UND RUNDWIRKEN

Für längliche Brote muss der Teig erst in eine rechteckige oder auch ovale Form gezogen werden. Die kurzen Seiten werden dann jeweils zur Mitte hin überlappend eingeschlagen, sodass zum Schluss drei Lagen Teig übereinanderliegen, das sogenannte **Langwirken.** Dann den Teig von einer der langen Seiten her straff aufrollen und schonend länglich formen.

Das **Rundschleifen** wird meist für kleine Teigportionen wie beispielsweise Brötchen oder Buns verwendet. Dafür werden kleine Teiglinge abgestochen und unter der hohlen Handfläche mit kreisender Bewegung und leichtem Druck auf der Arbeitsfläche zu glatten Kugeln geformt.

Größere runde Laibe bringt man mithilfe des **Rundwirkens** in Form. Auf einer leicht bemehlten Arbeitsfläche wird der Teig zunächst zu einer Kugel vorgeformt und leicht flach gedrückt. Nun wird er von jeder Seite zur Mitte hin eingeschlagen und gleichzeitig immer im Uhrzeigesinn gedreht, sodass man ihn mit dieser Methode kreisrund bearbeiten kann. So erhöht sich nach und nach die Spannung im Teig. Dies wiederholt man so lange, bis an der Unterseite eine Kugel entsteht. Danach den Teigling einfach umdrehen.

BROT FRISCH HALTEN: AUF DIE LAGERUNG KOMMT ES AN.

Die Rezepte in diesem Buch sind so erstellt, dass du in der Regel zwei abgeschlossene Vorgänge hast: die Teigerstellung und das Belegen und/oder Befüllen des Gebäcks. Solltest du also mal zu wenig Zeit haben, um alles direkt nacheinander zu machen, und das Brot stattdessen vorab backen, um es zu einem späteren Zeitpunkt zu belegen, dann ist die richtige Lagerung wichtig, damit die Haltbarkeit gewährleistet ist und das Aroma erhalten bleibt. Generell gilt, dass man Brot nicht im Kühlschrank lagern sollte, da dies zu einer schnelleren Austrocknung führen kann. Besser stellt man das Brot einfach mit der Schnittfläche nach unten auf ein Schneidbrett.

Dadurch bleibt die Kruste schön knusprig. Bei niedriger Luftfeuchtigkeit legt man einfach ein Küchentuch darüber, das schützt vor Austrocknung. Bei dieser Methode, die sich auch für Brötchen und anderes Kleingebäck gut eignet, bleibt das Gebäck bis zu drei Tage lang frisch.

Man kann den Laib natürlich auch im Brotkasten lagern. Die Kruste wird dadurch zwar etwas weich, aber das Brot hält sich so bis zu fünf Tage lang frisch. Brot oder Brötchen, die im Brotkasten gelagert wurden, backe ich gerne für 3 Minuten bei 200–210 °C im Backofen auf. Danach einfach noch 5–10 Minuten im Ofen lassen.

Für die langfristige Lagerung bietet sich der Gefrierschrank an. Man kann Brot ohne Probleme in einem luftdichten Behälter oder einer verschließbaren Tüte einfrieren. Zwar kann durch die Eisbildung die Qualität etwas beeinträchtigt werden, aber lasst man es langsam und schonend im Kühlschrank oder bei Raumtemperatur auftauen und backt es anschließend 5–6 Minuten bei 200 °C im Backofen auf (danach noch 5–10 Minuten im Ofen lassen), hat man ein (fast) frisches Brot.

Übrigens kann man auch altes Brot noch prima verwenden. Im Bäckerhandwerk ist das eine jahrhundertealte gängige Praxis, die einige Vorteile bietet. Das **Altbrot** oder auch **Restbrot** verbessert nämlich die Teigausbeute. Da es schon einmal gebacken worden ist, ist der Anteil an verkleisterter Stärke besonders hoch, und es kann deshalb besonders viel Wasser aufnehmen, was wiederum der Frische und Textur zugutekommt. Durch die bereits vorhandenen Röstaromen entwickelt sich außerdem ein noch aromatischerer Geschmack.

Ich röste mein altes Brot gerne bei etwa 130 °C im Ofen, bis es ganz trocken ist, und mixe es anschließend, sodass im Prinzip eine Art Paniermehl entsteht. Danach sollte man das so behandelte Brot mit Wasser aufgießen und etwa 1 Stunde im Kühlschrank quellen lassen. Der Vorteil des durchgetrockneten Brotes ist, dass man genau weiß, wie viel Wasser hinzugegeben werden sollte – nämlich 2 Teile Wasser zu 1 Teil Brot. Ist das Brot noch frischer, kann es nicht so viel Wasser binden. Das bietet bei einigen Rezepten aber auch Vorteile. Ebenso kann es sinnvoll sein, das Brot nicht zu sehr zu zerkleinern, sondern relativ grobe Stücke einzuweichen. In jedem Fall kann man problemlos bis zu 20 % des Teiges durch Altbrot bereichern. Dabei gilt jedoch, dass hellem Brot geschmacklich eher weniger Zugabe guttut, dunkle Brotsorten dagegen durchaus einen hohen Anteil vertragen können.

DER ZUBEHÖR-*guide*

Keine Sorge, ihr müsst nicht die komplette Liste vorrätig haben, um die Rezepte in diesem Buch nachzumachen. Einige Dinge werden nur für ein bestimmtes Rezept verwendet, und für die meisten anderen lassen sich Alternativen finden, die in fast jedem Haushalt vorhanden sind.

- Backofen
- Backpapier (gerne Dauerbackfolie)
- Backstahl oder -stein (alternativ umgedrehtes Backblech)
- Baguetteblech (alternativ Küchentuch verwenden)
- Brot- oder Pizzaschieber (alternativ großes Küchenbrett verwenden)
- Flambierbrenner
- Gärkorbchen (alternativ Schüssel mit bemehltem Küchentuch auslegen)
- Grillpfanne
- Gusseiserner Topf mit Deckel
- Kastenform (30 cm Länge)
- Elektrogrill (alternativ Grillpfanne)
- Küchengitter
- Küchenmaschine zum Kneten (alternativ Hände verwenden)
- Küchenwaage
- Muffinform
- Nudelholz
- Pizzaofen (alternativ Backofen)
- Pizzaschneider oder Teigrädchen (alternativ Messer verwenden)
- Rundes Pizzablech (34–36 cm Ø)
- Sandwichtoaster (alternativ Grillpfanne)
- Springform (26 cm Ø)
- Spritzbeutel
- Teigwanne mit Deckel (alternativ Schüssel verwenden)
- Tortillapresse (alternativ Topfboden oder Küchenbrett verwenden)
- (Belgisches) Waffeleisen

SOEHNLE
HENDI

AUFS Brot

CHEESY

Steak-Burger

MIT BACON UND ANANAS-BBQ-SAUCE

Rezept siehe Seite 24–25

CHEESY Steak-Burger

MIT BACON UND ANANAS-BBQ-SAUCE

BUNS
ZUBEREITEN 25–30 Minuten
RUHEN 12–17 Stunden
BACKEN 15–20 Minuten
BELAG
ZUBEREITEN 25–30 Minuten

ERGIBT 9 CHEESY BURGER-BUNS

POOLISH
150 g Weizenmehl Type 550
150 g Milch (3,5 % Fett)
0,1 g frische Hefe

HAUPTTEIG
340 g Weizenmehl Type 550
plus etwas mehr zum Bemehlen
90 g Milch (3,5 % Fett)
8 g frische Hefe
1 Ei (Größe M)
2 Eigelb (Größe M)
30 g Zucker
13 g Salz
40 g weiche Butter

TOPPING
1 Ei (Größe M)
100 g geriebener junger Gouda

DIE BUNS ❶ Für den Poolish Mehl, Milch und Hefe in einer Schüssel mit einem Kochlöffel gut verrühren, abdecken und bei **Raumtemperatur 10–14 Stunden** reifen lassen. ❷ Für den Hauptteig Mehl, Milch, Hefe, Ei, Eigelb, Zucker und Salz zusammen mit dem Poolish in die Rührschüssel der Küchenmaschine geben und mit dem Knethaken bei mittlerer Geschwindigkeit **8–10 Minuten** zu einem elastischen Teig kneten. Dann die Butter zugeben und **2–3 Minuten** fertig kneten. (Alternativ 12–15 Minuten von Hand kneten.) Abdecken und bei **Raumtemperatur 60 Minuten** reifen lassen, bis sich das Teigvolumen verdoppelt hat. ❸ Auf einer leicht bemehlten Arbeitsfläche vom Teig 9 gleich große Teiglinge (à ca. 100 g) abstechen, rundschleifen, auf ein mit Backpapier ausgelegtes Backblech setzen und abgedeckt bei **Raumtemperatur 1–2 Stunden** reifen lassen (das Volumen der Teiglinge sollte sich mindestens verdoppeln). ❹ Den Backofen auf **230 °C** Ober-/Unterhitze vorheizen. ❺ Für das Topping das Ei verquirlen, die Teiglinge damit bestreichen und mit Käse bestreuen. In den vorgeheizten Ofen (mittlere Schiene) geben, die Temperatur auf **210 °C** reduzieren und **15–20 Minuten** backen. ❻ Herausnehmen und die Cheesy Burger-Buns auf einem Küchengitter auskühlen lassen.

DER BELAG ❼ Den Backofen auf **180 °C** Umluft vorheizen. ❽ Für den karamellisierten Bacon den Bacon mit Honig bepinseln, mit 1 TL Zucker bestreuen, auf ein mit Backpapier ausgelegtes Backblech geben und **15 Minuten** im vorgeheizten Ofen (mittlere Schiene) backen, dabei nach **10 Minuten** den restlichen Zucker über den Bacon streuen. Herausnehmen, mit Chiliflocken bestreuen und beiseitestellen. ❾ Inzwischen für den Belag Rumpsteak mit Salz und Pfeffer würzen und in einer ofenfesten Pfanne in heißem Butterschmalz von beiden Seiten jeweils **2–3 Minuten** stark anbraten. Die Pfanne mit zum Bacon in den Ofen stellen und noch **8 Minuten** medium zu Ende garen. Aus der Pfanne nehmen, **5 Minuten** ruhen lassen, dann in Streifen schneiden. ⓾ Währenddessen für die Ananas-BBQ-Sauce Ananas in kleine Stücke schneiden und in einer Pfanne im Olivenöl bei hoher Hitze kräftig anbraten. Mit Balsamicoessig ablöschen, BBQ-Sauce dazugeben, aufkochen lassen, in eine Schale füllen und beiseitestellen. ⓫ In der Zwischenzeit Buns aufschneiden und die Schnittflächen in einer Pfanne ohne Fett rösten. ⓬ Gewürzgurken längs in Scheiben schneiden. Eichblattsalat waschen, trocken schütteln und grob zerpflücken. Tomate waschen, den Stielansatz entfernen und in Scheiben schneiden. ⓭ Auf die unteren Bun-Hälften etwas Ananas-BBQ-Sauce geben, Salat und Tomatenscheiben daraufschichten und mit Steakstreifen belegen. Bacon-Scheiben und Gewürzgurken darüberschichten und die restliche Ananas-BBQ-Sauce darauf verteilen. Die oberen Bun-Hälften auflegen und servieren.

FÜR 2 PERSONEN

KARAMELLISIERTER BACON
6 Bacon-Scheiben
1 EL Honig
2 TL brauner Zucker
1 Prise Chiliflocken (nach Gusto)

BELAG UND BUNS
1 Rumpsteak (250 g)
Salz
schwarzer Pfeffer aus der Mühle
1 TL Butterschmalz
2 Cheesy Burger-Buns
(siehe links)
2 Gewürzgurken aus dem Glas
einige Eichblattsalatblätter
1 größere Tomate

ANANAS-BBQ-SAUCE
2 Scheiben frische Ananas
1–2 EL natives Olivenöl extra
1 EL dunkler Balsamicoessig
200 ml BBQ-Sauce

Wer hat ihn erfunden, den legendären, weltweit beliebten Hamburger? Waren es die Amerikaner oder doch die Deutschen aus Hamburg? Beide Ideen kursieren im Internet, und wie immer liegt die Wahrheit wahrscheinlich irgendwo dazwischen. In der hier vorliegenden Form präsentiert er sich intensiv fruchtig-rauchig, verpackt in einen herzhaften Käse-Bun, der es mit den reichhaltigen Aromen der Füllung aufnehmen muss (und kann).

Club-Sandwich
SURF & TURF MIT MANGO-KETCHUP

BROT
ZUBEREITEN 20 Minuten
RUHEN 11,5–17,5 Stunden
BACKEN 45 Minuten
BELAG
ZUBEREITEN 25 Minuten

ERGIBT
1 ROGGEN-MALZBIERBROT
375 g Weizenmehl Type 550
100 g Roggenvollkornmehl
plus etwas mehr zum Bemehlen
300 g Malzbier
4 g frische Hefe
10 g Zuckerrübensirup
10 g Salz

FÜR 2 PERSONEN
2 Eier (Größe M)
½ reife Mango
6 Bacon-Scheiben
4 EL Tomatenketchup
6 Scheiben Roggen-Malzbierbrot
(siehe oben)
einige Blätter Romana-
oder Bataviasalat
1 kleine Avocado
2 Tomaten
Saft von ½ Zitrone
100 g Roastbeef in Scheiben
100 g Räucherlachs in Scheiben
schwarzer Pfeffer aus der Mühle

laktosefrei

DAS BROT ❶ Beide Mehle, Bier, Hefe und Sirup in die Rührschüssel der Küchenmaschine geben und mit dem Knethaken bei mittlerer Geschwindigkeit **ca. 8 Minuten** glatt kneten, dann das Salz hinzugeben und weitere **5 Minuten** fertig kneten. (Alternativ ca. 15 Minuten von Hand kneten.) Abdecken und bei **Raumtemperatur 2 Stunden** reifen lassen. ❷ Dann den Teig einmal dehnen und falten, wieder abdecken und **8–14 Stunden** im **Kühlschrank** reifen lassen. ❸ Die Arbeitsfläche mit Roggenmehl bestäuben, den Teig darauf schonend von rechts und links zur Mitte hin einschlagen und von unten beginnend aufrollen. Mit dem Schluss nach oben in einem bemehlten Küchentuch eingeschlagen bei **Raumtemperatur 90 Minuten** ruhen lassen. ❹ Den Backofen auf **250 °C** Ober-/Unterhitze vorheizen. ❺ Den länglichen Teigling mithilfe des Tuchs auf ein mit Backpapier ausgelegtes Backblech stürzen, nach Belieben einschneiden, in den vorgeheizten Ofen (mittlere Schiene) geben und mit viel Dampf **45 Minuten** backen, dabei nach **15 Minuten** den Dampf ablassen und die Temperatur auf **230 °C** regeln. ❻ Herausnehmen und das Roggen-Malzbierbrot auf einem Küchengitter auskühlen lassen.

TIPP Solltest du Anstellgut (siehe S. 12–13) im Kühlschrank haben, dann kannst du 50 g davon in den Teig einarbeiten. Das verbessert zusätzlich Aroma und Bekömmlichkeit.

DER BELAG ❼ Eier hart kochen, kalt abschrecken, pellen und in Scheiben schneiden. ❽ Inzwischen Mango schälen, das Fruchtfleisch vom Stein schneiden und fein würfeln. ❾ Bacon in einer Pfanne knusprig braten und beiseitelegen. ❿ Mangowürfel zum Bacon-Fett in die Pfanne geben und bei hoher Hitze kurz anbraten. Ketchup dazugeben, einmal aufkochen und in eine Schüssel geben. ⓫ Brotscheiben in einer Grillpfanne von beiden Seiten ohne Fett rösten, bis schöne Grillstreifen entstanden sind. ⓬ Währenddessen Salat waschen, trocken schütteln und in Streifen schneiden. Avocado halbieren, entsteinen, das Fruchtfleisch auslösen und in Scheiben schneiden. Tomaten waschen, Stielansätze entfernen und in Scheiben schneiden. ⓭ 2 Brotscheiben mit Salat und Avocado belegen, mit Zitronensaft beträufeln und das Roastbeef darüber verteilen. Mit je 1 Brotscheibe belegen. Darauf die Tomatenscheiben verteilen, dann mit Räucherlachs, Eierscheiben und Bacon belegen und mit Mango-Ketchup toppen. Reichlich Pfeffer darübermahlen, mit den restlichen 2 Brotscheiben abdecken, die Sandwiches halbieren, jeweils mit einem Holzspieß fixieren und servieren.

Rührei

MIT TRÜFFEL IM CROISSANT

CROISSANTS
ZUBEREITEN 35 Minuten
RUHEN 5–9 Stunden
KÜHLEN 50 Minuten
BACKEN 14–16 Minuten
BELAG
ZUBEREITEN 10–15 Minuten

ERGIBT 8 CROISSANTS
TEIG
400 g Weizenmehl Type 550
150 g Milch (3,5 % Fett)
50 g leitungskaltes Wasser
12 g frische Hefe
40 g Ei (1 sehr kleines Ei, Größe S)
25 g Butter
30 g Zucker
7 g Salz
BUTTERPLATTE
200 g Butter

FÜR 2 PERSONEN
½ Bund Schnittlauch
2 Croissants (siehe oben)
1 EL gesalzene Butter
4 Eier (Größe M)
Salz
schwarzer Pfeffer aus der Mühle
1 Kugel Burrata (120 g)
1 frischer Trüffel (ca. 40 g), je nach Saison Sommer- oder Winter-Trüffel, besonders hervorragend mit weißem Trüffel (alternativ Trüffelöl)
einige Tropfen natives Olivenöl extra

vegetarisch

DIE CROISSANTS ❶ Für den Teig alle Zutaten in die Rührschüssel der Küchenmaschine geben und mit dem Knethaken bei mittlerer Geschwindigkeit **3–4 Minuten** grob verkneten. (Alternativ 4–5 Minuten von Hand kneten.) Abdecken, direkt in den **Kühlschrank** geben und **2–6 Stunden** reifen lassen. ❷ Für die Butterplatte die Butter zwischen 2 Lagen Backpapier legen und zu einer 4–6 mm dicken Platte rollen. In das Papier einschlagen und **30 Minuten** kalt stellen. ❸ Den Teig auf die doppelte Größe der Butterplatte ausrollen, die Butter auf eine Teighälfte legen, die andere Hälfte darüberschlagen und schonend auf eine Größe von ca. 30 × 60 cm ausrollen. Dann von den kurzen Kanten aus jeweils in Dritteln zur Mitte falten, wieder auf das gleiche Maß ausrollen und noch mal falten. Abdecken, **20 Minuten** im **Kühlschrank** ruhen lassen, dann wieder ausrollen, ein drittes Mal falten und erneut ausrollen. Aus dem Teig 8 spitzwinklige (lange schmale) Dreiecke ausschneiden, zu den Spitzen hin straff aufrollen und etwas halbmondförmig biegen. Auf ein mit Backpapier ausgelegtes Backblech legen, abdecken und bei **Raumtemperatur 3 Stunden** gehen lassen. ❹ Den Backofen auf **210 °C** Umluft vorheizen. ❺ Das Blech in den vorgeheizten Ofen (mittlere Schiene) schieben und **14–16 Minuten** backen. ❻ Herausnehmen und die Croissants auf einem Küchengitter abkühlen lassen.

DER BELAG ❼ Schnittlauch waschen, trocken schütteln und in feine Röllchen schneiden. ❽ Croissants aufschneiden und die Schnittflächen in einer Pfanne rösten. Herausnehmen und beiseitestellen. ❾ Butter in derselben Pfanne erhitzen. Eier verquirlen, in die Pfanne geben, mit Salz und Pfeffer würzen und unter Rühren ein saftiges, fluffiges Rührei zubereiten. ❿ Burrata halbieren und auf die unteren Croissant-Hälften geben. Das Rührei darauf verteilen und reichlich frischen Trüffel darüberhobeln. Mit Olivenöl beträufeln, mit Schnittlauch bestreuen, die oberen Croissant-Hälften auflegen und servieren.

SMASHED BAGEL mit Avocado UND HÄHNCHEN

BAGELS
ZUBEREITEN 30–35 Minuten
RUHEN 11–19 Stunden
BACKEN 16–18 Minuten
BELAG
ZUBEREITEN 20 Minuten

ERGIBT 8 BAGELS

SALZ-HEFE-GEMISCH
12 g Salz
10 g frische Hefe
100 g leitungskaltes Wasser

HAUPTTEIG
250 g Weizenmehl Type 550 plus etwas mehr zum Bemehlen
200 g Hartweizenmehl
170 g Wasser
15 g Zuckerrübensirup
Sesam-, Mohnsaat, Leinsamen, Sonnenblumen- oder Kürbiskerne zum Bestreuen (nach Belieben)

WASSERBAD
1,5 l Wasser
30 g Zuckerrübensirup

FÜR 2 PERSONEN

BELAG UND BAGELS
2 kleine Hähnchenbrustfilets (à 130 g)
Salz
schwarzer Pfeffer aus der Mühle
1–2 EL natives Olivenöl extra
3 Zweige Thymian
1 rote Zwiebel
1 Avocado
50 g Cheddarkäse in Scheiben
einige Korianderblätter
Saft von 1 Limette
2 Bagels (siehe oben)

AIOLI
1 Knoblauchzehe
Salz
3 EL Mayonnaise (80 % Fett)
schwarzer Pfeffer aus der Mühle

DIE BAGELS ❶ Für das Salz-Hefe-Gemisch Salz und Hefe im Wasser auflösen und abgedeckt **über Nacht (8–16 Stunden)** bei **Raumtemperatur** stehen lassen. ❷ Für den Hauptteig beide Mehle, Wasser und Sirup zusammen mit dem Salz-Hefe-Gemisch in die Rührschüssel der Küchenmaschine geben und mit dem Knethaken bei mittlerer Geschwindigkeit **ca. 10 Minuten** glatt kneten. (Alternativ 12–15 Minuten von Hand kneten.) Abdecken und bei **Raumtemperatur 2 Stunden** ruhen lassen. ❸ Den Teig auf der leicht bemehlten Arbeitsfläche in 8 gleich große Stücke (à ca. 90 g) teilen, jeweils rundschleifen und abgedeckt **10 Minuten** entspannen lassen. ❹ Mit einem Kochlöffelstiel jeweils ein Loch in die Mitte der Teigkugeln stechen und den Ring gleichmäßig weiten. Abgedeckt auf der Arbeitsfläche **60 Minuten** ruhen lassen. ❺ Den Backofen auf **220 °C** Umluft vorheizen. ❻ Für das Wasserbad Wasser und Sirup in einem Topf zum Sieden bringen (nicht kochen), die Teiglinge mithilfe eines Schaumlöffels portionsweise hineingeben und **60–90 Sekunden** darin baden, dabei nach der Hälfte der Zeit wenden. Auf ein Backblech mit Dauerbackfolie legen und mit Toppings nach Wahl bestreuen. ❼ In den vorgeheizten Ofen (mittlere Schiene) schieben und ohne Dampf **16–18 Minuten** backen. ❽ Herausnehmen und die Bagels auf einem Küchengitter auskühlen lassen.

DER BELAG ❾ Den Backofen auf **160 °C** Umluft vorheizen. ❿ Für den Belag Hähnchenbrüste salzen, pfeffern und in einer ofenfesten Pfanne im Olivenöl von einer Seite bei hoher Hitze anbraten. Wenden, Thymian dazugeben, in den vorgeheizten Ofen (mittlere Schiene) geben und **10 Minuten** garen. ⓫ Inzwischen für die Aioli Knoblauch schälen, mit etwas Salz sehr fein hacken, mit der Mayonnaise vermischen und mit Pfeffer würzen. ⓬ Zwiebel schälen und würfeln. Avocado halbieren, entsteinen und das Fruchtfleisch auslösen. ⓭ Hähnchenfleisch aus dem Ofen nehmen und fein hacken. Avocado, Cheddar, Koriander und Limettensaft dazugeben, mit Salz und Pfeffer würzen, alles fein durchhacken und 1 EL Aioli untermischen. ⓮ Die Bagels halbieren und toasten. ⓯ Die Schnittflächen der unteren Bagelhäften mit restlicher Aioli bestreichen, die gehackte Füllung daraufgeben, die oberen Hälften aufsetzen und servieren.

Hotdog DE LUXE

focaccia MIT GARNELEN UND KARAMELLISIERTEN ZWIEBELN

FOCACCIA
ZUBEREITEN ca. 30 Minuten
RUHEN 22,5 Stunden
BACKEN 25–30 Minuten
BELAG
ZUBEREITEN 25–30 Minuten

ERGIBT 1 FOCACCIA (4 STÜCKE)

TEIG
600 g Weizenmehl Tipo 1
450 g leitungskaltes Wasser
2,5 g frische Hefe
15 g Salz
22 g natives Olivenöl extra plus etwas mehr zum Einfetten

BELAG (NACH BELIEBEN)
2 EL natives Olivenöl extra
200–300 g Kirschtomaten
1 TL Rosmarinnadeln
Salzflocken

AUSSERDEM
Backform (40 × 32 cm)

FÜR 2 PERSONEN
4 rote Zwiebeln
2 EL natives Olivenöl extra
1 TL Honig
3 Eier (Größe M)
400 ml Pflanzenöl zum Frittieren
2 EL Weizenmehl Type 405
4 EL Panko-Brösel
8–10 küchenfertige, geschälte Garnelen (ca. 280 g)
Salz
schwarzer Pfeffer aus der Mühle
3 Sardellenfilets in Öl, abgetropft
4 EL hochwertige Mayonnaise (80 % Fett)
2 TL feine Kapern aus dem Glas
1 Romanasalatherz
2 Stücke Focaccia (siehe oben)
Saft von ½ Zitrone
einige Kräuterblätter (nach Belieben, z. B. Basilikum oder Fenchelgrün)
60 g Parmesan

DIE FOCACCIA ❶ Für den Teig Mehl und Wasser in der Rührschüssel der Küchenmaschine mit einem Kochlöffel grob klümpchenfrei vermischen und abgedeckt **30 Minuten** zur Autolyse stehen lassen. ❷ Hefe und Salz hinzugeben und mit dem Knethaken **7–10 Minuten** auf mittlerer bis hoher Stufe intensiv kneten. Olivenöl dazugeben und weitere **5–7 Minuten** kneten. (Alternativ 15–18 Minuten von Hand kneten.) Abdecken und **6 Stunden** bei **Raumtemperatur,** dann **14 Stunden** im **Kühlschrank** reifen lassen, dabei nach **30** und **60 Minuten** jeweils einmal dehnen und falten. ❸ Die Backform mit Backpapier auslegen, ölen, den Teig hineingeben, bis in die Ecken leicht andrücken, abdecken und **2 Stunden** bei **Raumtemperatur** ruhen lassen. ❹ Den Backofen auf **230 °C** Ober-/Unterhitze vorheizen. ❺ Für den Belag den Teig mit Olivenöl bestreichen, mit den Fingerkuppen kleine Vertiefungen eindrücken und nach Belieben z. B. mit Tomaten belegen und mit Rosmarin und Salzflocken bestreuen. ❻ In den vorgeheizten Ofen (mittlere Schiene) geben und ohne Dampf **25–30 Minuten** backen. ❼ Aus dem Ofen nehmen, die Focaccia auf einem Küchengitter auskühlen lassen und in 4 Stücke schneiden.

TIPP Alternativ den Teig in 4 gleich große Stücke (à ca. 270 g) teilen und als kleine rechteckige Focaccia-Teiglinge aufs Blech geben.

DER BELAG ❽ Zwiebeln schälen, halbieren, in feine Streifen schneiden und in einer Pfanne im Olivenöl **3–4 Minuten** nicht zu heiß anbraten. Honig dazugeben und **2–3 Minuten** karamellisieren lassen, dabei öfter durchrühren. Aus der Pfanne nehmen und beiseitestellen. ❾ Inzwischen 2 Eier **6 Minuten** weich kochen, unter kaltem Wasser abschrecken, pellen. ❿ Pflanzenöl in einer Pfanne erhitzen. Restliches Ei in einem tiefen Teller verquirlen. Mehl und Panko jeweils in tiefe Teller geben. Garnelen salzen und pfeffern, dann zunächst im Mehl wenden, durchs Ei ziehen, im Panko panieren und im heißen Öl goldbraun frittieren. Auf Küchenpapier abtropfen lassen. ⓫ Sardellenfilets fein hacken, mit Mayonnaise und Kapern vermischen und mit Salz und Pfeffer abschmecken. ⓬ Romanasalat waschen, trocken schütteln, in mundgerechte Stücke schneiden und mit der Mayonnaise vermengen. ⓭ Focaccia-Stücke horizontal halbieren und den Salat auf den unteren Hälften verteilen. Eier halbieren oder vierteln und darauflegen, jeweils 4–5 Garnelen darauf anrichten, mit Zitronensaft beträufeln und mit karamellisierten Zwiebeln und nach Belieben Kräutern toppen. Die oberen Hälften auflegen, reichlich Parmesan darüberreiben und genießen.

TIPP Das Pflanzenöl kannst du noch 3–4-mal zum Frittieren verwenden. Zum Aufbewahren am besten durch ein feines Sieb in ein Glas gießen.

WEISSWURST-BURGER
MIT OBAZDEM UND Rotkohl-Slaw

Rezept siehe Seite 40–41

WEISSWURST-BURGER
MIT OBAZDEM UND Rotkohl-Slaw

ERGIBT 8 LAUGEN-BUNS
490 g Weizenmehl Type 550
plus etwas mehr zum Bemehlen
300 g Milch (3,5 % Fett)
10 g frische Hefe
13 g Salz
70 g Butter
1 l Ätznatron (4%ig, Lebensmittelqualität)
Hagelsalz zum Bestreuen

FÜR 2 PERSONEN
FÜLLUNG UND BUNS
2 Weißwürste
einige Blätter Romana- oder Endiviensalat
2 EL süßer Senf
1 TL Preiselbeeren aus dem Glas
½ Bund Schnittlauch
2 Laugen-Buns (siehe oben)
2 EL Röstzwiebeln (Fertigprodukt)
etwas frisch geriebener Meerrettich
ROTKOHL-SLAW
¼ kleiner Rotkohl
1–2 EL natives Olivenöl extra
1 EL Apfelessig
Salz
schwarzer Pfeffer aus der Mühle
OBAZDA
100 g zimmerwarmer Camembert
30 g zimmerwarme Butter
50 g Doppelrahm-Frischkäse
1 TL Paprikapulver
½ TL gemahlener Kümmel
Salz
schwarzer Pfeffer aus der Mühle

DIE BUNS ❶ Mehl, Milch, Hefe und Salz in die Rührschüssel der Küchenmaschine geben und mit dem Knethaken bei mittlerer Geschwindigkeit **10–12 Minuten** glatt kneten, dabei **2–3 Minuten** vor Ende der Knetzeit die Butter hinzugeben und einarbeiten. (Alternativ ca. 15 Minuten von Hand kneten.) Mit einem feuchten Küchentuch abdecken und den Teig bei **Raumtemperatur 2,5 Stunden** ruhen lassen. ❷ Den Teig auf einer leicht bemehlten Arbeitsfläche in 8 gleich große Teiglinge (à ca. 110 g) teilen, rundschleifen, etwas flach drücken und unbedeckt bei **Raumtemperatur 4 Stunden** ruhen lassen. ❸ Den Backofen auf **220 °C** Ober-/Unterhitze vorheizen. ❹ Die Natronlauge (Hinweis beachten!) vorsichtig in eine Schüssel füllen, die Teiglinge mithilfe eines Schaumlöffels jeweils **2–3 Sekunden** in der Lauge baden. Auf ein mit Dauerbackfolie ausgelegtes Backblech legen, mit Hagelsalz bestreuen, in den vorgeheizten Ofen (mittlere Schiene) schieben und ohne Dampf **11–13 Minuten** backen. ❺ Herausnehmen und die Laugen-Buns auf einem Küchengitter auskühlen lassen.

HINWEIS Ätznatron sollte nicht in Berührung mit der Haut kommen. Falls doch, sofort unter fließendem Wasser abwaschen. Einen Kontakt mit den Augen unbedingt vermeiden! Als Schutzmaßnahme am besten Handschuhe und Schutzbrille tragen. Ätznatron kann man mindestens 3-mal wiederverwenden. Zum Entsorgen stark mit Wasser verdünnt in den Abfluss geben. Vor Kindern sicher aufbewahren! Kein Backpapier verwenden, es könnte durch die Lauge zersetzt werden.

BUNS
ZUBEREITEN 25 Minuten
RUHEN 6,5 Stunden
BACKEN 11–13 Minuten
BELAG
ZUBEREITEN 20 Minuten

DER BELAG ❻ Für die Füllung Weißwürste in heißem, aber nicht kochendem Wasser **15 Minuten** gar ziehen lassen. ❼ Währenddessen für den Rotkohl-Slaw Rotkohl waschen, in feine Streifen hobeln und in eine Schüssel geben. Olivenöl und Essig mit etwas Salz und Pfeffer hinzufügen, kräftig durchkneten und beiseitestellen. ❽ Für den Obazden Camembert in Stücke schneiden, in eine Schüssel geben, Butter, Frischkäse, Paprikapulver, Kümmel, etwas Salz und Pfeffer hineingeben und mit einer Gabel gut vermischen. ❾ Salat waschen und trocken schütteln. Senf mit Preiselbeeren glatt rühren. Schnittlauch waschen, trocken schütteln und in feine Röllchen schneiden. ❿ Die Laugen-Buns aufschneiden, auf den unteren Hälften den Obazden verstreichen, darauf den Salat geben. ⓫ Weißwürste abgießen, die Haut entfernen, in Scheiben schneiden und auf dem Salat verteilen. Darauf den Preiselbeer-Senf, dann den Rotkohl-Slaw verteilen. ⓬ Mit Röstzwiebeln, Schnittlauchröllchen und Meerrettich toppen, die oberen Bun-Hälften auflegen und genießen.

Die Inspiration zu diesem Burger ist tatsächlich auf dem Oktoberfest über mich gekommen. Bei einem deftigen Weißwurstfrühstück mit lauter bayerischen Spezialitäten entstand die Idee, all die unglaublich leckeren Einzelteile zu einem tragbaren Ganzen zu kombinieren. Et voilà: der Weißwurst-Burger! Die Traditionalisten mögen mir verzeihen – und die Liebhaber der bayerischen Küche sich daran erfreuen!

Egg Benedict

MIT FEIGEN-HOLLANDAISE AUF

BREAKFAST-MUFFINS

Rezept siehe Seite 44–45

Egg Benedict

MIT FEIGEN-HOLLANDAISE AUF

BREAKFAST-MUFFINS

ERGIBT CA.
20 BREAKFAST-MUFFINS
POOLISH
200 g Weizenmehl Type 550
200 g leitungskaltes Wasser
1 g frische Hefe
HAUPTTEIG
250 g Weizenmehl Type 550
plus etwas mehr zum Bemehlen
350 g Weizenmehl Type 1050
340 g leitungskaltes Wasser
3 g frische Hefe
50 g Butter
14 g Salz
2–3 EL Butterschmalz zum Ausbacken

FÜR 2 PERSONEN
BELAG
100 g Babyspinat
1 kleine Zwiebel
1 Knoblauchzehe
½ Bund Schnittlauch
2 etwas dicker geschnittene Scheiben Kochschinken
1 EL natives Olivenöl extra
Salz
schwarzer Pfeffer aus der Mühle
1 Prise geriebene Muskatnuss
POCHIERTE EIER UND MUFFINS
1 EL Weißweinessig
4 Eier (Größe M)
2 Breakfast-Muffins (siehe oben)
FEIGEN-HOLLANDAISE
130 g Butter
3 frische Feigen
1 Prise Zucker
Salz
2 Eigelb (Größe M)
Saft von 1 Zitrone
schwarzer Pfeffer aus der Mühle

DIE MUFFINS ❶ Für den Poolish die Zutaten mit einem Kochlöffel in einer Schüssel verrühren, abdecken und bei **Raumtemperatur 3 Stunden** anspringen lassen. ❷ Die Schüssel in den **Kühlschrank** stellen und den Teig **12–24 Stunden** reifen lassen. ❸ Für den Hauptteig beide Mehle, Wasser, Hefe, Butter und Salz zusammen mit dem Poolish in die Rührschüssel der Küchenmaschine geben und mit dem Knethaken bei mittlerer Geschwindigkeit **ca. 10 Minuten** glatt kneten. (Alternativ 12–15 Minuten von Hand kneten.) Abdecken und bei **Raumtemperatur 3–4 Stunden** gehen lassen, bis sich das Teigvolumen verdoppelt hat, dabei nach **30, 60** und **90 Minuten** jeweils einmal dehnen und falten. ❹ Den Teig auf der gut bemehlten Arbeitsfläche mit den Fingern durch Ziehen nach außen drücken. Nicht ausrollen! Mit einem Küchentuch abgedeckt **60 Minuten** ruhen lassen. ❺ Dann 9–11 cm große Kreise ausstechen. Teigreste zu Kugeln schleifen, **60 Minuten** ruhen lassen und zu flachen Kreisen drücken. ❻ Inzwischen die ausgestochenen Teiglinge bei mittlerer Hitze portionsweise in einer Pfanne in etwas Butterschmalz von jeder Seite **ca. 3 Minuten** goldbraun ausbacken und auf einem Küchengitter auskühlen lassen. Die Teigkreise aus den Resten ebenfalls ausbacken. ❼ Die Breakfast-Muffins direkt genießen oder später halbiert im Toaster aufbacken.

DER BELAG ❽ Für den Belag Spinat waschen und abtropfen lassen. Zwiebel und Knoblauch schälen und fein würfeln. Schnittlauch waschen, trocken schütteln und in feine Röllchen schneiden. Beiseitestellen. ❾ Für die Feigen-Hollandaise Butter in einem Topf langsam zerlassen. Feigen waschen, trocken tupfen und mit Zucker und 1 Prise Salz sehr fein hacken. Eigelb mit Zitronensaft, etwas Salz und Pfeffer in einer Schüssel verrühren, auf ein heißes Wasserbad setzen und bei max. **80 °C** mit den Quirlen des Handrührgeräts oder mit dem Schneebesen aufschlagen. Flüssige Butter in einem feinen Strahl dazugeben

MUFFINS
ZUBEREITEN 40–45 Minuten
RUHEN 20–33 Stunden
BELAG
ZUBEREITEN 30 Minuten

und so lange schlagen, bis eine cremige Konsistenz erreicht ist. Vom Wasserbad nehmen und die gehackten Feigen unter die Hollandaise rühren. ⑩ Für die pochierten Eier ausreichend Wasser mit dem Essig in einem Topf erhitzen, aber nicht kochen. Nacheinander je 1 Ei hineinschlagen und **3–4 Minuten** pochieren. ⑪ Währenddessen Kochschinken halbieren und in einer Pfanne im Olivenöl kurz anbraten, dann herausnehmen, beiseitestellen. ⑫ In derselben Pfanne Zwiebel- und Knoblauchwürfel farblos anschwitzen, Spinat dazugeben und zusammenfallen lassen. Mit Salz, Pfeffer und Muskat würzen. ⑬ Die Breakfast-Muffins aufschneiden, toasten und alle 4 Hälften mit Schinken, Spinat und pochiertem Ei belegen. Mit Feigen-Hollandaise toppen und mit Schnittlauch bestreut servieren.

TIPP Als hilfreich zur perfekten Herstellung der pochierten Eier hat sich für mich eine tiefe Suppenkelle erwiesen. Einfach das Ei in die Suppenkelle schlagen und dann langsam in das heiße Wasser eintauchen, sodass das Ei zwar von Wasser umgeben ist, aber nicht aus der Kelle flüchten kann. Alternativ mit einem Löffel einen Strudel erzeugen und das Ei vorsichtig ins Wasser lassen. Dort kreist es dann um sich selbst (wie die Schönen und Reichen) und formt sich zu einer Kugel.

Ehemals das Katerfrühstück der vermeintlich Schönen und Reichen, heutzutage schon ein zeitloser Klassiker, hier aufgepimpt durch die fruchtige Feige ...

HERZHAFTES

Mandelbrioche-SANDWICH

BRIOCHEZOPF
ZUBEREITEN 30–35 Minuten
RUHEN 6–8 Stunden
BACKEN 25–30 Minuten
BELAG
ZUBEREITEN 15 Minuten

ERGIBT 1 BRIOCHEZOPF

TEIG
470 g Weizenmehl Type 550
plus etwas mehr zum Bemehlen
125 g leitungskaltes Wasser
10 g frische Hefe
110 g Ei (2 Eier, Größe M)
20 g Joghurt Natur (3,5 % Fett)
40 g Zucker
90 g kalte Butter
9 g Salz
abgeriebene Schale von 1 Biozitrone

ZUCKERMANDELN
50 g ganze blanchierte Mandelkerne
80 g Zucker
70 ml Wasser

EISTREICHE
2 Eigelb (Größe M)
1 Prise Salz

AUSSERDEM
Kastenform (30 cm Länge)

FÜR 2 PERSONEN
4 Scheiben Mandelbriochezopf (siehe oben)
1 TL Butter
½ kleiner Spitzkohl
1 Frühlingszwiebel
1–2 EL natives Olivenöl extra
Salz
schwarzer Pfeffer aus der Mühle
½ TL Currypulver
4 EL Mayonnaise (80 % Fett)
1 EL süße Chilisauce
3 Eier (Größe M)

vegetarisch

DER ZOPF ❶ Für den Teig alle Zutaten in die Rührschüssel der Küchenmaschine geben und mit dem Knethaken erst **8 Minuten** bei langsamer, dann weitere **5 Minuten** bei schneller Geschwindigkeit kneten. (Alternativ 15–18 Minuten von Hand kneten.) Abdecken und bei **Raumtemperatur 60 Minuten** reifen lassen. ❷ Den Teig auf der bemehlten Arbeitsfläche in 3 gleich große Stücke (à ca. 350 g) teilen, jeweils langwirken, dann die Stränge zu einem Zopf flechten und in die mit Backpapier ausgelegte Kastenform legen. Abdecken und **4–6 Stunden** im **Kühlschrank** reifen lassen. ❸ Aus dem Kühlschrank nehmen und **60 Minuten** Temperatur annehmen lassen. ❹ Inzwischen für die Zuckermandeln Mandeln, Zucker und Wasser in einen Topf geben und auf mittlerer Stufe unter Rühren erhitzen, bis der Zucker geschmolzen ist. Dann die Temperatur erhöhen und aufkochen. Sobald **125 °C** erreicht sind oder kurz bevor der Sirup zu karamellisieren beginnt, vom Herd nehmen, noch mal gut durchrühren und die Zuckermandeln zum Abkühlen auf Backpapier oder eine Silikon-Backmatte geben. ❺ Für die Eistreiche Eigelb mit Salz verquirlen und den Teigzopf mit etwa der Hälfte davon bestreichen. ❻ Den Backofen **30 Minuten** auf **180 °C** Ober-/Unterhitze vorheizen. ❼ Den Teigzopf noch mal mit restlicher Eistreiche bestreichen und mit Zuckermandeln bestreuen. In den vorgeheizten Ofen (mittlere Schiene) geben und **25–30 Minuten** backen. ❽ Herausnehmen und den Zopf auf einem Küchengitter abkühlen lassen.

DER BELAG ❾ In einer Pfanne Briochescheiben von beiden Seiten langsam in Butter rösten. ❿ Währenddessen Spitzkohl waschen und in feine Streifen schneiden. Frühlingszwiebel putzen und in feine Ringe schneiden. ⓫ Die Brote aus der Pfanne nehmen und beiseitestellen. Olivenöl in derselben Pfanne erhitzen und die Kohlstreifen stark anbraten. Mit Salz, Pfeffer und Currypulver würzen. ⓬ Inzwischen Mayonnaise mit Chilisauce verrühren, salzen und pfeffern. ⓭ Eier verquirlen, mit Frühlingszwiebelringen zum Spitzkohl geben und bei hoher Temperatur 2–3-mal umrühren, bis die Eier gestockt sind. Vom Herd nehmen, mit Salz und Pfeffer abschmecken, die Masse halbieren und zu Puffern von der Größe der Brotscheiben zusammenschieben. ⓮ Chili-Mayonnaise auf die 4 Briochescheiben streichen. Die Spitzkohl-Rührei-Portionen auf 2 Scheiben geben, mit den restlichen Scheiben bedecken, zusammendrücken und servieren.

Baguettebrötchen

MIT TERIYAKI-LACHS BÁNH-MÌ-STYLE

BRÖTCHEN
ZUBEREITEN 25–30 MINUTEN
RUHEN 70 Minuten
BACKEN 15–20 Minuten
BELAG
ZUBEREITEN 15 Minuten

ERGIBT
8 BAGUETTEBRÖTCHEN
POOLISH
100 g leitungskaltes Wasser
20 g frische Hefe
100 g Weizenmehl Type 550
HAUPTTEIG
500 g Weizenmehl 550
plus etwas mehr zum Bemehlen
210 g leitungskaltes Wasser
1 Ei (Größe M)
6 g Backmalz (aktiv)
20 g Zucker
20 g Sonnenblumenöl
9 g Salz
AUSSERDEM
Baguetteblech (falls vorhanden)

FÜR 2 PERSONEN
TERIYAKI-LACHS
4 kleine Lachsfilets ohne Haut (à 80–100 g)
Salz
schwarzer Pfeffer aus der Mühle
1 EL Teriyaki-Sauce
WASABI-GURKEN
¼ TL Wasabi
1 TL Sojasauce
1 TL Sesamöl
2 Mini-Gurken
SAMBAL-OELEK-MAYO
3 EL Mayonnaise (80 % Fett)
1 TL Sambal Oelek
TOPPING UND BRÖTCHEN
¼ Nori-Blatt
2 Baguettebrötchen (siehe oben)

DIE BRÖTCHEN ❶ Für den Poolish alle Zutaten in einer Schüssel mit einem Kochlöffel kräftig mischen und abgedeckt bei **Raumtemperatur 60 Minuten** reifen lassen. ❷ Für den Hauptteig Mehl, Wasser, Ei, Backmalz und Zucker zusammen mit dem Poolish in die Rührschüssel der Küchenmaschine geben und mit dem Knethaken bei langsamer Geschwindigkeit **8 Minuten** kneten. Öl und Salz hinzugeben und weitere **5 Minuten** auf schneller Stufe glatt und geschmeidig kneten. (Alternativ ca. 15 Minuten von Hand kneten.) ❸ Auf einer leicht bemehlten Arbeitsfläche den Teig sogleich in 8 gleich große Stücke (à ca. 130 g) teilen und jeweils rundschleifen. Abdecken und **10 Minuten** entspannen lassen. ❹ Die Teiglinge mit dem Nudelholz zu langen Ovalen auswellen, von der Längsseite straff zu Rollen aufwickeln, auf dem Baguetteblech platzieren und abgedeckt **60 Minuten** reifen lassen. (Alternativ mit Abstand auf ein bemehltes Küchentuch legen, das Tuch zwischen den Teiglingen hochziehen und abdecken.) ❺ Den Backofen auf **250 °C** Ober-/Unterhitze vorheizen. ❻ Teiglinge ca. 1 cm tief einschneiden und mit Wasser besprühen. Das Backblech in den vorgeheizten Ofen (mittlere Schiene) schieben, stark bedampfen, die Temperatur auf **230 °C** reduzieren und **15–20 Minuten** backen. ❼ Herausnehmen und die Baguettebrötchen auf einem Küchengitter abkühlen lassen.

DER BELAG ❽ Den Backofen auf **160 °C** Umluft vorheizen. ❾ Für den Teriyaki-Lachs Lachsfilets leicht salzen und pfeffern, mit Teriyaki-Sauce bepinseln, in eine kleine Auflaufform geben und im vorgeheizten Ofen (mittlere Schiene) **8–10 Minuten** backen. ❿ Währenddessen für die Wasabi-Gurken Wasabi, Sojasauce und Sesamöl in einer Schüssel glatt rühren. Gurken waschen, in dünne Scheiben schneiden, dazugeben, mischen und beiseitestellen. ⓫ Für die Sambal-Oelek-Mayo Mayonnaise mit Sambal Oelek verrühren. Nori-Blatt in feine Streifen schneiden. ⓬ Baguettebrötchen von oben längs einschneiden, aber nicht durchschneiden. ⓭ Die Schnittstellen etwas auseinanderdrücken, mit Sambal-Oelek-Mayo bestreichen, je ein Lachsfilet hineingeben, die Wasabi-Gurken darauf verteilen und mit Nori-Streifen toppen.

Maistortillas

MIT SCHWEINEBAUCH UND PICO DE GALLO

TORTILLAS
ZUBEREITEN 5 Minuten
RUHEN ca. 15 Minuten
BACKEN 30–40 Minuten
BELAG
ZUBEREITEN 25 Minuten

ERGIBT CA. 20 TORTILLAS
300 g Masa harina
(nixtamalisiertes Maismehl)
½–1 TL Salz
475 g heißes Wasser
AUSSERDEM
Tortillapresse (alternativ Topfboden oder Küchenbrett verwenden)

FÜR 2 PERSONEN
FLEISCH UND MAYO
1 Karotte
½ Porreestange
Salz
schwarzer Pfeffer aus der Mühle
2 dicke Scheiben Schweinebauch ohne Schwarte
1–2 EL natives Olivenöl extra
1 TL flüssiger Honig
1 Eigelb (Größe M)
1 TL Senf
Saft von 1 Limette
80 ml Pflanzenöl
PICO DE GALLO
1 rote Zwiebel
1 Fleischtomate
6 Radieschen
2–3 Mini-Gurken
1 rote Chili (nach Belieben)
4–5 Stängel Koriander
Saft von 1 Limette
1–2 EL natives Olivenöl extra
Salz
schwarzer Pfeffer aus der Mühle
TORTILLAS UND TOPPING
6–8 Maistortillas (ca. 15 cm Ø, siehe oben)
50 g Gemüsechips (Fertigprodukt)

laktosefrei, glutenfrei, frei von raffiniertem Zucker

DIE TORTILLAS ❶ Mehl und Salz in einer Schüssel vermischen, das heiße Wasser zugeben und kneten, bis ein fester Teig entsteht, der nicht mehr klebt. ❷ Abdecken und **ca. 15 Minuten** ruhen lassen. ❸ Den Teig zu ca. 20 gleich großen Kugeln (à ca. 40 g) formen, jeweils zwischen einem aufgeschnittenen Gefrierbeutel in die Tortillapresse legen und zu einem ca. 15 cm großen Kreis pressen. (Alternativ mit einem Topfboden oder Küchenbrett pressen.) ❹ Eine Pfanne erhitzen und die Teigfladen darin ohne Fett bei mittlerer Hitze von jeder Seite **ca. 1 Minute** backen. Nach dem Ausbacken sogleich mit einem feuchten Küchentuch oder Frischhaltefolie abdecken, damit die Tortillas nicht austrocknen.

NIXTAMALISIERTES MAISMEHL Bei der Nixtamalisation werden trockene Maiskörner mit Kalk gekocht, eingeweicht und dann gespült, bevor man sie trocknet und vermahlt. So werden viele Nährstoffe verfügbar, und nur mit diesem Mehl entsteht ein gebundener Teig. Es kann nicht durch Polenta ersetzt werden.

DER BELAG ❺ Für Fleisch und Mayo Karotte schälen und grob in Scheiben schneiden. Porree waschen, putzen und ebenfalls grob in Scheiben schneiden. ❻ 500 ml Wasser in einem Topf zum Kochen bringen, salzen, pfeffern, Gemüse und Schweinebauch dazugeben und **20 Minuten** leicht köchelnd garen. ❼ Währenddessen für die Salsa Pico de Gallo Zwiebel schälen und in feine Streifen schneiden. Fleischtomate, Radieschen und Gurken waschen, putzen und fein würfeln. Nach Belieben Chili waschen, entkernen und in feine Ringe schneiden. Koriander waschen, trocken schütteln und hacken. Alles in eine Schüssel geben, Limettensaft und Olivenöl darüberträufeln, vermengen, mit Salz und Pfeffer würzen und beiseitestellen. ❽ Das gekochte Gemüse aus dem Sud heben, beiseitestellen und etwas abkühlen lassen. Den gekochten Schweinebauch ebenfalls aus dem Sud nehmen (Kochsud aufbewahren), quer in 1 cm breite Streifen schneiden und in einer Pfanne im Olivenöl kross braten. Zum Schluss Honig darüberträufeln und durchschwenken. ❾ Inzwischen gekochtes Gemüse mit Eigelb, Senf, Limettensaft, Pflanzenöl und 2 EL Kochsud in einen Mixbecher geben und mit dem Stabmixer zu einer Mayonnaise mixen. Mit Salz und Pfeffer abschmecken. ❿ Tortillas in einer Pfanne erwärmen. Dann mit der Salsa Pico de Gallo und Schweinebauch belegen, mit Gemüse-Mayonnaise und leicht zerkrümelten Chips toppen.

Gatsby-Burger

MIT GEGRILLTEN **CALAMARI**

BRÖTCHEN
ZUBEREITEN 25 Minuten
RUHEN 11,5–17,5 Stunden
BACKEN 20 Minuten
BELAG
ZUBEREITEN ca. 25 Minuten

ERGIBT 3 FILOU-BRÖTCHEN
375 g Weizenmehl Type 550
100 g Roggenvollkornmehl plus etwas mehr zum Bestäuben
300 g leitungskaltes Wasser
4 g frische Hefe
10 g Zuckerrübensirup
10 g Salz
2–3 EL Sonnenblumenkerne

FÜR 2 PERSONEN
200 g TK-Pommes-frites
8 kleine küchenfertige Calamari-Tuben (Tintenfischtuben)
Salz
schwarzer Pfeffer aus der Mühle
1 TL Garam Masala
3–4 Zweige Minze
1–2 EL natives Olivenöl extra
Saft von 1 Limette
2 Filou-Brötchen (siehe oben)
2–3 große Romanasalatblätter
2–3 bunte Tomaten
Piri-Piri-Sauce oder eine andere Chilisauce nach Gusto (Fertigprodukt)

laktosefrei, frei von raffiniertem Zucker

DIE BRÖTCHEN ❶ Beide Mehle, Wasser, Hefe und Sirup in die Rührschüssel der Küchenmaschine geben und mit dem Knethaken bei mittlerer Geschwindigkeit **6–8 Minuten** glatt kneten, dann das Salz hinzugeben und weitere **5 Minuten** fertig kneten. (Alternativ ca. 15 Minuten von Hand kneten.) ❷ Abdecken und den Teig **2 Stunden** bei **Raumtemperatur** reifen lassen, dabei nach **60 Minuten** einmal dehnen und falten. Abdecken und **8–14 Stunden** im **Kühlschrank** reifen lassen. ❸ Die Arbeitsfläche mit Roggenmehl bestäuben, den Teig in 9 gleich große Teile (à ca. 85 g) teilen und jeweils langwirken. Mit dem Schluss nach oben mit Abstand auf ein mit Roggenmehl bestäubtes Küchentuch setzen, das Tuch zwischen den Teiglingen hochziehen und abgedeckt **90 Minuten** ruhen lassen. ❹ Den Backofen auf **250 °C** Ober-/Unterhitze vorheizen. ❺ Die Teiglinge mit dem Schluss nach unten auf ein mit Backpapier ausgelegtes Backblech geben, nach Belieben einschneiden, mit Wasser besprühen und die Sonnenblumenkerne darauf verteilen. In den vorgeheizten Ofen (mittlere Schiene) geben, die Temperatur auf **230 °C** reduzieren und **20 Minuten** mit viel Dampf backen. ❻ Herausnehmen und die Filou-Brötchen auf einem Küchengitter auskühlen lassen.

TIPP Falls du Anstellgut (siehe S. 12–13) im Kühlschrank hast, kannst du 50 g davon in den Teig einarbeiten. Das verbessert noch mal Aroma und Bekömmlichkeit.

DER BELAG ❼ Den Backofen auf **220 °C** Umluft vorheizen. ❽ Die Pommes frites auf ein mit Backpapier ausgelegtes Backblech geben und nach Packungsangaben im vorgeheizten Ofen **ca. 20 Minuten** knusprig backen. ❾ Inzwischen Calamari waschen, in grobe Stücke schneiden, mit Salz, Pfeffer und Garam Masala würzen und in einer Grillpfanne von beiden Seiten ohne Fett grillen, bis sie schöne Grillstreifen haben. ❿ Währenddessen Minze waschen, trocken schütteln und die Blätter grob hacken. ⓫ Gegrillte Calamari in eine Schüssel geben und mit Olivenöl, Limettensaft und Minze gut vermischen. ⓬ Filou-Brötchen halbieren, mit den Schnittseiten in eine Pfanne geben und ohne Fett kurz anrösten. ⓭ Salat waschen, trocken schütteln und in mundgerechte Stücke zerzupfen. Tomaten waschen, Stielansätze entfernen und in dünne Scheiben schneiden. ⓮ Die unteren Brötchenhälften mit Salat und Tomaten belegen, salzen und pfeffern. Die Pommes frites daraufgeben, Calamari-Stücke darüber verteilen, mit etwas Piri-Piri-Sauce nach Geschmack beträufeln und die oberen Brötchenhälften aufsetzen. Ein Hochgenuss!

PAN Cubano MIAMI-STYLE

BAGUETTEBRÖTCHEN
ZUBEREITEN 20 Minuten
RUHEN 14 Stunden 50 Minuten bis 15 Stunden 20 Minuten
BACKEN 25–30 Minuten
BELAG
ZUBEREITEN 15 Minuten

ERGIBT 4 PAN-CUBANO-BAGUETTEBRÖTCHEN

POOLISH
150 g Weizenmehl Type 550
150 g leitungskaltes Wasser
0,3 g frische Hefe

HAUPTTEIG
450 g Weizenmehl Type 550 plus etwas mehr zum Bemehlen
200 g leitungskaltes Wasser
2 g frische Hefe
30 g Zucker
8 g Salz
100 g weiches Schweineschmalz
Roggenmehl Type 1050 zum Bemehlen

FÜR 2 PERSONEN
2 EL körniger Senf
1 EL Honig
1 EL fein gehackter Dill
Salz
schwarzer Pfeffer aus der Mühle
einige Blätter Lollo bionda
2 Tomaten
6 eingelegte Maiskölbchen aus dem Glas, abgetropft
2 Pan-Cubano-Baguettebrötchen (siehe oben)
1–2 EL natives Olivenöl extra
100 g Schweinebraten-Aufschnitt (nicht zu dünn geschnitten)
50 g Salami in Scheiben (nach Gusto)

laktosefrei

DIE BAGUETTES ❶ Für den Poolish alle Zutaten in einer Schüssel mit einem Kochlöffel mischen und abgedeckt bei **Raumtemperatur 12 Stunden** reifen lassen. ❷ Für den Hauptteig Mehl, Wasser und Hefe zusammen mit dem Poolish in die Rührschüssel der Küchenmaschine geben, mischen, abdecken und **30 Minuten** zur Autolyse stehen lassen. ❸ Zucker und Salz hinzufügen und mit dem Knethaken bei langsamer Geschwindigkeit **2 Minuten** kneten. Schweineschmalz hinzufügen und bei mittlerer Stufe **8–10 Minuten** glatt und glänzend kneten. (Alternativ 12–15 Minuten von Hand kneten.) Abdecken und **60 Minuten** reifen lassen, dabei nach **30 Minuten** einmal dehnen und falten. ❹ Den Teig auf einer leicht bemehlten Arbeitsfläche in 4 gleich große Stücke (à ca. 270 g) teilen, jeweils zu dicken Zylindern formen und in einem mit Roggenmehl bestäubten Küchentuch **20 Minuten** reifen lassen. ❺ Die Zylinder zu ca. 30 cm langen, dicken Baguettes ausrollen, abdecken und **60–90 Minuten** reifen lassen, bis sich ihr Volumen etwa verdoppelt hat. ❻ Den Backofen auf **250 °C** Unter-/Oberhitze vorheizen. ❼ Die Teiglinge längs einschneiden, mit Wasser besprühen, in den vorgeheizten Ofen (mittlere Schiene) geben, die Temperatur auf **210 °C** reduzieren und **25–30 Minuten** backen. ❽ Herausnehmen und die Pan-Cubano-Baguettebrötchen auf einem Küchengitter auskühlen lassen.

DER BELAG ❾ Senf, Honig und Dill verrühren, mit Salz und Pfeffer würzen. ❿ Salat waschen, trocken schütteln und in mundgerechte Stücke zerzupfen. Tomaten waschen, Stielansätze entfernen und in Scheiben schneiden. Maiskölbchen längs halbieren. ⓫ Baguette-Brötchen aufschneiden, die Schnittseiten der unteren Hälften mit etwas Honig-Dill-Senf bestreichen. Salat und Tomaten darauf verteilen, salzen, pfeffern und mit Olivenöl beträufeln. ⓬ Schweinebraten- und Salamischeiben locker darauflegen, mit Maiskölbchen und restlichem Honig-Dill-Senf toppen, die oberen Baguettehälften auflegen – und go!

Duck-Burger

MIT SALSA BRAVA UND **ORANGE**

Rezept siehe Seite 58–59

Open Pastrami-
SANDWICH MIT APFEL-SAUERKRAUT

BROT
ZUBEREITEN 10–15 Minuten
RUHEN 17–18 Stunden
BACKEN 55 Minuten
BELAG
ZUBEREITEN 15 Minuten

ERGIBT
1 ROGGENVOLLKORNBROT
SAUERTEIG
200 g Roggenvollkornmehl
200 g leitungskaltes Wasser
30 g Anstellgut (siehe S. 12–13)
HAUPTTEIG
325 g Roggenvollkornmehl
plus etwas mehr zum Bemehlen
250 g handwarmes Wasser
1 g frische Hefe
20 g Butter
14 g Salz
Brotgewürz zum Bestäuben
AUSSERDEM
Gärkörbchen
gusseiserner Topf mit Deckel

FÜR 2 PERSONEN
BELAG UND BROT
1 kleiner roter Apfel
150 g Sauerkraut
Salz
schwarzer Pfeffer aus der Mühle
1 kleine gelbe Bete
2 kleine Gewürzgurken aus dem Glas
2 Scheiben Roggenvollkornbrot
(siehe oben)
1 TL Butter
80 g Pastrami in hauchdünnen
Scheiben
THOUSAND-ISLAND-DRESSING
1 kleine rote Paprika
4 EL Mayonnaise (80 % Fett)
1 EL Tomatenketchup
1 EL gehackte glatte Petersilie
50 ml Sud aus dem
Gewürzgurkenglas
Salz
schwarzer Pfeffer aus der Mühle

DAS BROT ❶ Für den Sauerteig Mehl, Wasser und Anstellgut in einer großen Schüssel mit einem Kochlöffel gut verrühren, abdecken und **14 Stunden** bei **Raumtemperatur** reifen lassen. ❷ Für den Hauptteig Mehl, Wasser, Hefe, Butter und Salz zum Sauerteig geben, gut verrühren – kneten ist nicht notwendig – und abgedeckt bei **Raumtemperatur 60 Minuten** ruhen lassen. ❸ Den Teig auf die sehr gut bemehlte Arbeitsfläche geben und vorsichtig von allen Seiten zur Mitte falten. ❹ Das Gärkörbchen großzügig mit Roggenmehl und Brotgewürz ausstreuen, den Teig mit dem Schluss nach unten hineingeben, abdecken und bei **Raumtemperatur 2–3 Stunden** ruhen lassen. ❺ Den Backofen auf **250 °C** Ober-/Unterhitze vorheizen, dabei den gusseisernen Topf mit Deckel (mittlere Schiene) mit hineingeben. ❻ Den Teigling in den heißen Topf stürzen, den Deckel auflegen und **55 Minuten** backen, dabei nach **10 Minuten** den Deckel abnehmen und die Temperatur auf **210 °C** reduzieren. ❼ Herausnehmen und das Brot auf einem Kuchengitter auskühlen lassen.

DER BELAG ❽ Für den Belag Apfel waschen, vierteln, entkernen und fein würfeln. ❾ Sauerkraut in einem Topf erwärmen, mit Salz und Pfeffer abschmecken, Apfelwürfel unterrühren und beiseitestellen. ❿ Bete schälen und mit den Gurken in feine Streifen schneiden. ⓫ Für das Thousand-Island-Dressing Paprika waschen, entkernen und fein würfeln. Paprikawürfel, Mayonnaise, Ketchup, Petersilie und Gurkensud verrühren, mit Salz und Pfeffer würzen. ⓬ In einer Pfanne die Brotscheiben in Butter von beiden Seiten goldbraun rösten. ⓭ Auf Teller geben, mit Apfel-Sauerkraut belegen, darauf die Pastrami-Scheiben verteilen. Bete- und Gurkenstreifen darauf anrichten und mit Thousand-Island-Dressing toppen.

FLADENBROT MIT Grillgemüse

FLADENBROTE
ZUBEREITEN ca. 25 Minuten
RUHEN 5 Stunden
BACKEN 40–44 Minuten
BELAG
ZUBEREITEN 10 Minuten
GRILLEN 10–12 Minuten

ERGIBT 4 KLEINE FLADENBROTE
225 g Weizenmehl Type 550
plus etwas mehr zum Bemehlen
135 g leitungskaltes Wasser
40 g Weizensauerteig (siehe S. 138)
25 g Joghurt Natur (3,5 % Fett)
2 g frische Hefe
5 g Salz
10 g natives Olivenöl extra
1 TL Sesamsaat und/oder Schwarzkümmelsaat

FÜR 2 PERSONEN
1 gelbe Paprika
1 Tomate
1 kleine Aubergine
1 kleine Zucchini
natives Olivenöl extra zum Bepinseln und Beträufeln
Salz
schwarzer Pfeffer aus der Mühle
4 Zweige Thymian, Blätter abgezupft
4 EL griechischer Joghurt (10 % Fett)
2 EL Ajvar (nach Belieben mild oder scharf)
2 Fladenbrote (siehe oben)
2 TL Zatar (arabische Gewürzmischung)
AUSSERDEM
Elektro-, Gas- oder Holzkohlegrill (alternativ Grillpfanne)

vegetarisch, frei von raffiniertem Zucker

DIE FLADENBROTE ❶ Mehl, Wasser, Sauerteig, Joghurt und Hefe in die Rührschüssel der Küchenmaschine geben und mit dem Knethaken bei mittlerer Geschwindigkeit **ca. 12 Minuten** glatt und weich kneten, dabei gegen Ende der Knetzeit Salz und Olivenöl hinzugeben. (Alternativ ca. 15 Minuten von Hand kneten.) ❷ Zu einer Kugel formen und abgedeckt **4 Stunden** bei **Raumtemperatur** gehen lassen, bis sich das Teigvolumen verdoppelt hat, dabei nach **30** und **60 Minuten** jeweils einmal dehnen und falten. ❸ Auf einer leicht bemehlten Arbeitsfläche 4 Teiglinge (à ca. 110 g) abstechen, zu Kugeln formen, mit Abstand auf zwei mit Backpapier ausgelegte Backbleche setzen und **10 Minuten** abgedeckt entspannen lassen. Dann zu ca. 1 cm dünnen Fladen flach drücken und abgedeckt **60 Minuten** ruhen lassen. ❹ Den Backofen auf **250 °C** Ober-/Unterhitze vorheizen. ❺ Die Teigfladen von einem Backblech mit reichlich Wasser besprühen, mit Sesam und/oder Schwarzkümmel bestreuen, in den vorgeheizten Ofen (mittlere Schiene) geben und mit Dampf **20–22 Minuten** backen. ❻ Herausnehmen, mit Wasser besprühen und mit einem Küchentuch abgedeckt auf einem Küchengitter auskühlen lassen. Auf die gleiche Weise die Fladen auf dem zweiten Blech backen, besprühen und auskühlen lassen.

TIPP Wenn man die Fladenbrote nach dem Backen besprüht und mit einem Küchentuch abdeckt, bleiben bzw. werden sie schön weich. Du kannst auch beide Bleche zusammen bei 230 °C Umluft backen.

DER BELAG ❼ Paprika waschen, entkernen und in grobe Stücke schneiden. Tomate und Zucchini waschen und in dicke Scheiben schneiden. Aubergine waschen und in dünne Scheiben schneiden. Alle Gemüsescheiben dünn mit Öl bepinseln. ❽ Das Gemüse auf einem vorgeheizten Elektro-, Gas- oder Holzkohlegrill oder in einer Grillpfanne so lange von beiden Seiten grillen, bis die Stücke ein schönes Grillmuster bekommen. Mit Salz, Pfeffer und Thymian würzen, vom Grill nehmen und mit etwas Olivenöl beträufeln. ❾ Währenddessen Joghurt mit Ajvar verrühren. ❿ Fladenbrote in einer Pfanne kurz erwärmen, mit Grillgemüse belegen, mit Ajvar-Joghurt beträufeln, reichlich Zatar darüberstreuen und genießen.

Weiches Baguette

MIT RINDFLEISCH UND HUMMUS

Rezept siehe Seite 66–67

Weiches Baguette

MIT RINDFLEISCH UND HUMMUS

ERGIBT 3 BAGUETTES

BRÜHSTÜCK

30 g Altbrot
12 g Salz
100 g Wasser (100 °C)

HAUPTTEIG

630 g Weizenmehl Type 550 plus etwas mehr zum Bemehlen
350 g Wasser (25 °C)
9 g frische Hefe
12 g natives Olivenöl extra

FÜR 2 PERSONEN

FLEISCH UND SAUCE

2 Zwiebeln
2 Knoblauchzehen
1 Karotte
¼ Knollensellerie
½ Porreestange
2 Rinderbeinscheiben
Salz
schwarzer Pfeffer aus der Mühle
1–2 EL natives Olivenöl extra
1 EL Tomatenmark
300 ml Rotwein (alternativ alkoholfreies Bier)
3 Lorbeerblätter

HUMMUS

1 Dose Kichererbsen, abgetropft (200 g)
1 EL Tahin (Sesammus)
1–2 EL natives Olivenöl extra
Salz
schwarzer Pfeffer aus der Mühle

BELAG UND BROT

je ½ gelbe und rote Paprika
100 g Rotweinkäse (alternativ halbfester Bergkäse aus Österreich, Südtirol oder dem Allgäu)
1 Baguette (siehe oben)

laktosefrei, frei von raffiniertem Zucker

DIE BAGUETTES ❶ Für das Brühstück Altbrot und Salz in eine Schüssel geben, mit kochendem Wasser übergießen, abdecken und **10 Minuten** quellen lassen. ❷ Inzwischen für den Hauptteig Mehl, Wasser und Hefe in die Rührschüssel der Küchenmaschine geben und mit dem Knethaken bei mittlerer Geschwindigkeit **8–10 Minuten** glatt kneten. Öl und Brühstück zugeben und **3–4 Minuten** fertig kneten. (Alternativ ca. 15 Minuten von Hand kneten.) Abdecken und bei **ca. 28 °C** (siehe Tipp) **60 Minuten** ruhen lassen. ❸ Auf einer leicht bemehlten Arbeitsfläche 3 Teiglinge (à ca. 380 g) abstechen, dann erst von rechts und links zur Mitte einschlagen, von unten beginnend straff zu Zylindern aufrollen und gleichmäßig langwirken. Mit Schluss nach oben in einem bemehlten Küchentuch **60 Minuten** ruhen lassen. ❹ Den Backofen auf **230 °C** Ober-/Unterhitze vorheizen. ❺ Die Teiglinge sehr schonend mit Schluss nach unten auf ein mit Backpapier ausgelegtes Backblech geben, 2–3-mal schräg einschneiden und **20–25 Minuten** mit Dampf backen. ❻ Herausnehmen und die Baguettes auf einem Küchengitter auskühlen lassen.

TIPP Falls es kein sehr warmer Tag ist, die Backofenlampe einschalten, sodass der Ofen eine Temperatur von ca. 28 °C erreicht. Dann die abgedeckte Schüssel mit dem Teig hineingeben. Alternativ 2 Stunden bei Raumtemperatur gehen lassen.

DER BELAG ❼ Den Backofen auf **160 °C** Umluft vorheizen. ❽ Für das Fleisch Zwiebeln, Knoblauch, Karotte und Sellerie schälen und in grobe Stücke schneiden. Porree putzen, gut waschen und ebenfalls in grobe Stücke schneiden. ❾ Beinscheiben salzen, pfeffern und in einem Bräter im Olivenöl von beiden Seiten kräftig anbraten. Tomatenmark dazugeben und **2–3 Minuten** mitrösten. Das vorbereitete Gemüse hinzufügen, kurz anrösten, mit Rotwein ablöschen und die Lorbeerblätter dazugeben. Den Deckel auflegen, in den vorgeheizten Ofen (mittlere Schiene) geben und **90 Minuten** garen. ❿ Währenddessen für den Hummus Kichererbsen, Tahin, Olivenöl, etwas Salz und Pfeffer

BAGUETTES
ZUBEREITEN 20 Minuten
RUHEN 2 Stunden
BACKEN 20–25 Minuten
BELAG
ZUBEREITEN 30–35 Minuten
GAREN 90 Minuten

in einen Mixbecher geben und mit dem Stabmixer glatt pürieren. Nach Bedarf 1–2 EL Wasser einarbeiten, der Hummus sollte eine cremige Konsistenz haben. ⓫ Für den Belag beide Paprikahälften entkernen, waschen und in kleine Würfel schneiden. Den Käse in Scheiben schneiden. ⓬ Den Bräter aus dem Ofen nehmen und die Backofengrillstufe einschalten. ⓭ Das Fleisch herausnehmen und **5 Minuten** ruhen lassen. Inzwischen Lorbeerblätter entfernen, Bratenfond und Gemüse mit dem Stabmixer zu einer glatten Sauce pürieren und nach Geschmack mit Salz und Pfeffer nachwürzen. ⓮ Das Baguette aufschneiden, die untere Hälfte mit Hummus bestreichen. Das Fleisch mit 2 Gabeln zerzupfen und auf dem Hummus verteilen. Paprikawürfel daraufgeben und mit Käsescheiben belegen. ⓯ Die belegte Baguettehälfte auf ein Backblech setzen und unter dem Grill überbacken, bis der Käse zu schmelzen beginnt. ⓰ Herausnehmen, die obere Baguettehälfte auflegen, halbieren und mit der Bratensauce zum Dippen servieren.

TIPP Wer möchte, legt noch einige Salatblätter auf die Hummusschicht. Und wer auf Alkohol verzichten will, kann genauso gut eine gute Brühe oder ein alkoholfreies Bier als Grundlage für die Bratensauce benutzen. Beim Bier darauf achten, dass es nicht zu viele Bitterstoffe enthält, sonst wird die Sauce zu herb.

Hummus gehört zu den klassischen Mezze, also den Vorspeisen, die im Nahen Osten, in Griechenland und der Türkei beheimatet sind. Hier verleiht er dem Gericht eine schöne, nussige Cremigkeit. Im Kühlschrank ist er problemlos bis zu drei Tage haltbar und kann auch hervorragend einfach nur als Dip verzehrt werden.

INS Brot

Zupfbrot

MIT SCHINKEN, KÄSE UND OLIVENPASTE

BROT
ZUBEREITEN 15 Minuten
RUHEN 10 Stunden
BACKEN 50 Minuten
BELAG
ZUBEREITEN 20 Minuten
BACKEN 15 Minuten

ERGIBT 1 BAUERNBROT
380 g Weizenmehl Type 550
100 g Roggenmehl Type 1150 plus etwas mehr zum Bemehlen
100 g altes Anstellgut (siehe S. 12–13)
360 g Milch (3,5 % Fett)
4 g frische Hefe
14 g Salz
AUSSERDEM
Gärkörbchen
gusseiserner Topf mit Deckel (siehe auch Tipp)

ERGIBT 1 ZUPFBROT (FÜR 2–4 PERSONEN)
OLIVENPASTE
1 Zwiebel
2 Knoblauchzehen
1–2 Stängel glatte Petersilie
200 g entsteinte schwarze Oliven
4 EL natives Olivenöl extra
Salz
schwarzer Pfeffer aus der Mühle
Saft von ½ Zitrone
BELAG UND BROT
250 g Kochschinken
1 Zweig Rosmarin
150 g Gouda
1 Bauernbrot (siehe oben)

frei von raffiniertem Zucker

DAS BROT ❶ Beide Mehle, Anstellgut, Milch und Hefe in die Rührschüssel der Küchenmaschine geben und mit dem Knethaken bei mittlerer Geschwindigkeit **ca. 10 Minuten** zu einem glatten weichen Teig kneten, dabei gegen Ende der Knetzeit das Salz hinzufügen. (Alternativ 10–12 Minuten von Hand kneten.) Abdecken und bei **Raumtemperatur 6 Stunden** reifen lassen, dabei während der ersten **2 Stunden** alle **30 Minuten** jeweils einmal dehnen und falten. ❷ Den Teig auf der bemehlten Arbeitsfläche rundwirken, gut bemehlt mit Schluss nach unten in ein bemehltes Gärkörbchen legen, abdecken und im **Kühlschrank 4 Stunden** ruhen lassen. ❸ Den Backofen auf **250 °C** Ober-/Unterhitze vorheizen, dabei den gusseisernen Topf mit aufgelegtem Deckel (mittlere Schiene) mit hineingeben. ❹ Den Teigling in den heißen Topf stürzen, nach Belieben einschneiden, den Deckel aufsetzen, und im vorgeheizten Ofen **50 Minuten** backen, dabei nach **20 Minuten** den Deckel abnehmen, die Temperatur auf **230 °C** reduzieren und fertig backen. ❺ Herausnehmen, etwas abkühlen lassen, dann das Bauernbrot auf ein Küchengitter stürzen und auskühlen lassen.

TIPP Du kannst auch ein längliches Brot auf einem Backblech backen, das zuvor im Backofen mit aufgeheizt wurde. Dazu den Teig langwirken und danach in ein längliches, bemehltes Gärkörbchen geben. Nach der Ruhezeit auf das heiße Backblech geben und wie angegeben backen.

DER BELAG ❻ Den Backofen auf **200 °C** Ober-/Unterhitze vorheizen. ❼ Für die Olivenpaste Zwiebel und Knoblauch schälen, grob zerkleinern und in einen Mixbecher geben. Petersilie abspülen, trocken schütteln, die Blätter abzupfen, mit Oliven und Olivenöl ebenfalls in den Mixbecher geben und mit dem Stabmixer glatt pürieren. Olivenpaste mit Salz, Pfeffer und Zitronensaft abschmecken. ❽ Für den Belag Kochschinken in nicht zu feine Streifen schneiden. Rosmarin abspülen, trocken schütteln und die Nadeln fein hacken. Gouda reiben. ❾ Bauernbrot rautenförmig tief einschneiden, aber nicht durchschneiden. Die Schnittstellen mit Olivenpaste, Kochschinken und Gouda üppig füllen. Rosmarin darüberstreuen und im vorgeheizten Ofen (mittlere Schiene) **15 Minuten** backen, bis der Käse zu schmelzen beginnt. ❿ Herausnehmen und das Zupfbrot heiß servieren.

Pizzaknoten

MIT TOMATEN, MOZZARELLA UND PINIENKERNEN

PIZZATEIG
ZUBEREITEN 20–35 Minuten
RUHEN 23 Stunden
FÜLLUNG
ZUBEREITEN 15 Minuten
RUHEN 30 Minuten
BACKEN 30 Minuten

ERGIBT CA. 990 G PIZZATEIG
420 g leitungskaltes Wasser
2,5 g frische Hefe
560 g Weizenmehl Tipo 00
plus etwas mehr zum Bemehlen
14 g Salz
AUSSERDEM
Teigwanne mit Deckel (alternativ Schüssel verwenden)

ERGIBT 1 PIZZAKNOTEN (FÜR 4 PERSONEN)
80 g Pinienkerne
1 TL Zucker
150 g getrocknete Softtomaten
60 ml natives Olivenöl extra
Salz
schwarzer Pfeffer aus der Mühle
ca. 990 g Pizzateig (siehe oben)
300 g geriebener Mozzarella
2 TL getrockneter Oregano

vegetarisch

DER TEIG ❶ Wasser in die Rührschüssel der Küchenmaschine geben und die Hefe darin auflösen. Mehl hinzufügen, mit dem Kochlöffel grob vermengen, abdecken und **60 Minuten** zur Autolyse stehen lassen. ❷ Salz dazugeben und mit dem Knethaken bei mittlerer Geschwindigkeit **15–30 Minuten** (je nach Mehl und Maschine) intensiv kneten. In die (nicht geölte) Teigwanne geben, verschließen und den Teig erst **5 Stunden** bei **Raumtemperatur**, dann **11 Stunden** im **Kühlschrank** reifen lassen. ❸ Den Teig auf der leicht bemehlten Arbeitsfläche straff rundwirken, wieder in die Teigwanne geben, verschließen und nochmals erst **2 Stunden** im **Kühlschrank**, dann **4 Stunden** bei **Raumtemperatur** ruhen lassen.

DIE FÜLLUNG ❹ Pinienkerne in einer Pfanne ohne Fett rösten. Zucker darüberstreuen, kurz karamellisieren lassen und zum Auskühlen auf einen Teller geben. ❺ Getrocknete Tomaten und Olivenöl in einen Mixbecher geben und mit dem Stabmixer fein pürieren. Dann vorsichtig salzen und pfeffern. ❻ Pinienkerne grob hacken. ❼ Pizzateig zu einem ca. 40 × 50 cm großen Rechteck ausrollen. Mit Tomatenpüree bestreichen, Mozzarella, Oregano und Pinienkerne darüberstreuen, dann von der Längsseite fest aufrollen. ❽ Den gefüllten Teigstrang längs halbieren, aber an einem Ende nicht ganz durchtrennen. Nun beide Stränge miteinander verdrehen und die losen Enden leicht zusammendrücken. Dann in einer engen Schlangenlinie (oder S-Linie) auf ein mit Backpapier ausgelegtes Backblech legen. Abdecken und bei **Raumtemperatur 30 Minuten** gehen lassen. ❾ Den Backofen auf **250 °C** Ober-/Unterhitze vorheizen. ❿ Das Blech in den vorgeheizten Ofen (mittlere Schiene) schieben und **30 Minuten** goldbraun backen. ⓫ Herausnehmen und den Pizzaknoten warm oder kalt genießen.

GRILLED Cheese-Sandwich MIT PAK CHOI

BROT
ZUBEREITEN 20 Minuten
RUHEN 5–17 Stunden
BACKEN 50 Minuten
BELAG
ZUBEREITEN 20 Minuten
GRILLEN 5–8 Minuten

ERGIBT 1 WEIZENBROT
500 g Weizenmehl Type 550 plus etwas mehr zum Bemehlen
310 g leitungskaltes Wasser
4 g frische Hefe
15 g Olivenöl plus etwas mehr zum Einfetten
12 g Salz
AUSSERDEM
Gärkörbchen (siehe auch Tipp)
Brotschieber (alternativ großes Küchenbrett verwenden)

FÜR 2 PERSONEN
1 rote Zwiebel
1 Knoblauchzehe
4 Baby-Pak Choi
1–2 EL natives Olivenöl extra
Salz
schwarzer Pfeffer aus der Mühle
40 g weiche Butter plus etwas mehr zum Einfetten
1 EL Crème fraîche
2 EL süße Chilisauce
4 Scheiben Weizenbrot (siehe oben)
130 g Mimolette in Scheiben oder grob gerieben (alternativ Bergkäse)
AUSSERDEM
Sandwichtoaster oder Elektrogrill (alternativ Grillpfanne)

vegetarisch

DAS BROT ❶ Alle Zutaten in die Rührschüssel der Küchenmaschine geben und mit dem Knethaken bei mittlerer Geschwindigkeit **10–12 Minuten** elastisch kneten. (Alternativ 12–15 Minuten von Hand kneten.) ❷ Den Teig zu einer Kugel formen, in eine leicht geölte Schüssel legen, abdecken und **3 Stunden** reifen lassen. ❸ Den Teig auf der leicht bemehlten Arbeitsfläche leicht ausbreiten, von allen Seiten zur Mitte einschlagen und dann von unten nach oben aufrollen, um Spannung zu erzeugen. Anschließend mit dem Schluss nach oben in das bemehlte Gärkörbchen legen und abgedeckt entweder **2 Stunden** bei **Raumtemperatur** oder **8–14 Stunden** im **Kühlschrank** reifen lassen. ❹ Den Backofen mindestens **30 Minuten** auf **250 °C** Ober-/Unterhitze vorheizen, dabei ein Backblech (mittlere Schiene) mit hineingeben. ❺ Den Teig auf einen Bogen Backpapier stürzen, einschneiden, mithilfe des Brotschiebers in den vorgeheizten Ofen auf das heiße Blech geben, die Temperatur auf **215 °C** reduzieren und mit viel Dampf **50 Minuten** backen. ❻ Herausnehmen, sogleich mit Wasser besprühen und auf einem Küchengitter auskühlen lassen.

TIPP Falls du kein Gärkörbchen hast, eine Schüssel mit einem bemehlten Küchentuch auslegen und den Teig hineingeben.

DER BELAG ❼ Zwiebel und Knoblauch schälen und fein würfeln. Pak Choi putzen, waschen, dann Stiele und Blätter längs in Viertel oder Sechstel schneiden. ❽ In einer Pfanne Zwiebel- und Knoblauchwürfel im heißen Olivenöl **1–2 Minuten** kräftig anbraten. Pak Choi dazugeben und **2–3 Minuten** rührbraten. ❾ Mit Salz und Pfeffer würzen und 20 g Butter einrühren. Die Pfanne vom Herd nehmen, Crème fraîche und Chilisauce unterrühren. ❿ Pak-Choi-Mischung auf 2 Brotscheiben verteilen und üppig mit Mimolette belegen oder bestreuen. Die übrigen Brotscheiben auflegen und die Oberflächen mit restlicher Butter bestreichen. ⓫ Sandwichtoaster oder Elektrogrill erhitzen, mit Butter einfetten, die Brote hineingeben und so lange mit leichtem Druck rösten **(5–8 Minuten),** bis der Käse zu schmelzen beginnt. (Alternativ eine Grillpfanne verwenden und die Sandwiches zwischendurch wenden.) ⓬ Die Sandwiches halbieren und genießen.

BUTTER-Laugenbrezel

MIT HERZHAFTER FÜLLUNG

Rezept siehe Seite 78–79

GARLIC

Parmesan CROIFFINS

TEIG
ZUBEREITEN ca. 15 Minuten
RUHEN 3 Stunden
FÜLLUNG
ZUBEREITEN 20 Minuten
RUHEN 60 Minuten
BACKEN 12–15 Minuten

ERGIBT CA. 840 G HEFETEIG
500 g Weizenmehl Type 550
310 g leitungskaltes Wasser
4 g frische Hefe
15 g natives Olivenöl extra
12 g Salz

ERGIBT 12 CROIFFINS
Pflanzenöl zum Einfetten
1–2 Stängel glatte Petersilie
2 Knoblauchzehen
50 g Parmesan
200 g weiche Butter
Salz
schwarzer Pfeffer aus der Mühle
500 g Weizenmehl Type 550 zum Bemehlen
ca. 840 g Hefeteig (siehe oben)
AUSSERDEM
12er-Muffinform

vegetarisch, frei von raffiniertem Zucker

DER TEIG ❶ Für den Teig alle Zutaten in die Rührschüssel der Küchenmaschine geben und mit dem Knethaken bei mittlerer Geschwindigkeit **10–12 Minuten** elastisch kneten. (Alternativ 12–15 Minuten von Hand kneten.) ❷ Den Teig zu einer Kugel formen, in eine leicht geölte Schüssel legen, abdecken und bei **Raumtemperatur 3 Stunden** reifen lassen.

DIE FÜLLUNG ❸ Die Mulden der Muffinform einölen. ❹ Petersilie abspülen, trocken schütteln und fein hacken. Knoblauch schälen, fein hacken und mit der Petersilie in eine Schüssel geben. Parmesan fein hineinreiben, Butter, etwas Salz und Pfeffer hinzufügen und vermischen. ❺ Auf der leicht bemehlten Arbeitsfläche den Teig zu einem sehr dünnen Rechteck ausziehen – je dünner, desto blättriger ist später das Ergebnis. Mit der Buttermasse bestreichen und von der kurzen Seite aufrollen. ❻ Die Teigrolle mit dem Nudelholz platt walzen, längs halbieren und die beiden Stränge eng miteinander verzwirbeln. Dann in 12 gleich große Stücke teilen, mit den Schnittflächen in die Mulden der vorbereiteten Muffinform geben, abdecken und bei **Raumtemperatur 60 Minuten** ruhen lassen (alternativ im Kühlschrank 4–12 Stunden). ❼ Den Backofen auf **220 °C** Ober-/Unterhitze vorheizen. ❽ Die Muffinform in den vorgeheizten Ofen (mittlere Schiene) geben und **12–15 Minuten** backen. ❾ Herausnehmen, etwas abkühlen lassen, dann aus den Mulden lösen und die Croiffins, eine superleckere Schöpfung zwischen Croissant und Muffin, auf einem Küchengitter abkühlen lassen.

SÜDTIROLER

Vinschgauer „MAC AND CHEESE"

BROT
ZUBEREITEN 20 Minuten
RUHEN 16–19 Stunden
BACKEN 35–40 Minuten
BELAG
ZUBEREITEN 20 Minuten

ERGIBT 2 GROSSE VINSCHGAUER

SAUERTEIG
38 g Roggenanstellgut (siehe S. 12–13)
190 g Roggenvollkornmehl
190 g leitungskaltes Wasser

HAUPTTEIG
100 g Weizenmehl Type 1050
240 g Roggenmehl Type 1150 plus etwas mehr zum Bemehlen
260 g handwarmes Wasser
3–5 g Brotgewürz
11 g Salz

FÜR 2 PERSONEN
20 g Kräuterbutter
1 großes Vinschgauer (siehe oben)
1 Zwiebel
100 g Bergkäse (z. B. Stilfser)
80 g gewürfelter Speck
1–2 EL natives Olivenöl extra
200 g Spätzle (Fertigprodukt aus der Kühltheke)
Salz
schwarzer Pfeffer aus der Mühle
1 Prise gemahlener Kümmel
½ Bund Schnittlauch
1 EL Röstzwiebeln (Fertigprodukt)

frei von raffiniertem Zucker

DAS BROT ❶ Für den Sauerteig alle Zutaten in einer Schüssel gut vermischen und abgedeckt bei **Raumtemperatur 12–15 Stunden** reifen lassen. ❷ Für den Hauptteig beide Mehle, Wasser, Gewürz und Salz zusammen mit dem Sauerteig in die Rührschüssel der Küchenmaschine geben und mit dem Knethaken bei mittlerer Geschwindigkeit **5–7 Minuten** kneten; die Teigtemperatur sollte ca. **30 °C** betragen. (Alternativ 7–10 Minuten von Hand kneten.) Abdecken und den Teig bei **Raumtemperatur 2,5 Stunden** reifen lassen. ❸ Den Teig auf die gut mit Roggenmehl bemehlte Arbeitsfläche geben, halbieren, nur leicht rundschleifen und als „Paar" nebeneinander auf ein mit Backpapier ausgelegtes Backblech setzen. Ohne Abdeckung noch mal **90 Minuten** bei **Raumtemperatur** reifen lassen, dabei sollten sich deutliche Risse auf der Oberfläche bilden. ❹ Den Backofen auf **250 °C** Ober-/Unterhitze vorheizen. ❺ Das Blech in den vorgeheizten Ofen (mittlere Schiene) schieben, die Temperatur auf **230 °C** reduzieren und ohne Dampf **35–40 Minuten** backen. ❻ Herausnehmen und die Vinschgauer auf einem Küchengitter auskühlen lassen.

TIPP Du kannst aus dem Teig auch 10 kleine Vinschgauer backen. Dann beträgt die Backzeit nur 25 Minuten.

DER BELAG ❼ Kräuterbutter in einer Pfanne erhitzen. Das Vinschgauer aufschneiden, nacheinander mit den Schnittflächen hineingeben und rösten. ❽ Inzwischen Zwiebel schälen und fein würfeln. Bergkäse fein reiben. ❾ Zwiebelwürfel und Speck in einer Pfanne im Olivenöl anbraten. Spätzle dazugeben und kräftig unter Rühren braten. Mit Salz, Pfeffer und Kümmel würzen. ❿ Den geriebenen Käse dazugeben und so lange bei kleiner Hitze weiterbraten, bis der Käse zu schmelzen beginnt. ⓫ Währenddessen Schnittlauch abspülen, trocken schütteln und in feine Röllchen schneiden. ⓬ Käsespätzle auf der unteren Hälfte des Vinschgauers verteilen. Mit Schnittlauchröllchen und Röstzwiebeln bestreuen, die obere Brothälfte auflegen, quer halbieren und genießen.

Brotsonne
MIT SPINAT-KÄSE-FÜLLUNG

TEIG
ZUBEREITEN ca. 15 Minuten
RUHEN 3 Stunden
FÜLLUNG
ZUBEREITEN 30 Minuten
RUHEN 45 Minuten
BACKEN 25–30 Minuten

ERGIBT CA. 820 G HEFETEIG
500 g Weizenmehl Type 550
290 g leitungskaltes Wasser
6 g frische Hefe
10 g natives Olivenöl extra
5 g Zuckerrübensirup
(alternativ Honig oder Zucker)
10 g Salz

FÜR 4 PERSONEN
SPINAT-KÄSE-FÜLLUNG
500 g Babyspinat
1 Zwiebel
2 Knoblauchzehen
1–2 EL natives Olivenöl extra
Salz
schwarzer Pfeffer aus der Mühle
1–2 Prisen frisch geriebene Muskatnuss
100 g Gouda
200 g geriebener Mozzarella
TEIG UND EISTREICHE
ca. 820 g Hefeteig (siehe oben)
Weizenmehl Type 405 oder 550 zum Bemehlen
1 Eigelb (Größe M)
1 EL Milch (3,5 % Fett)
1 TL Schwarzkümmelsaat

vegetarisch, frei von raffiniertem Zucker

DER TEIG ❶ Alle Zutaten in die Rührschüssel der Küchenmaschine geben und mit dem Knethaken erst bei langsamer Geschwindigkeit **8 Minuten,** dann auf mittlerer Stufe weitere **4–6 Minuten** zu einem glatten, festen Teig kneten. (Alternativ ca. 15 Minuten von Hand kneten.) ❷ Abdecken und den Teig beim **Raumtemperatur 3 Stunden** reifen lassen, dabei nach **30** und **60 Minuten** jeweils einmal dehnen und falten.

DIE FÜLLUNG ❸ Für die Spinat-Käse-Füllung den Spinat waschen und trocken schleudern. Zwiebel und Knoblauch schälen, fein würfeln und in einer Pfanne im Olivenöl anschwitzen. Spinat dazugeben und zusammenfallen lassen. Kräftig mit Salz, Pfeffer und Muskatnuss würzen, dann etwas abkühlen lassen. ❹ Inzwischen Gouda reiben und mit Mozzarella mischen. Spinatfüllung grob hacken. ❺ Den Hefeteig auf der leicht bemehlten Arbeitsfläche in 3 gleich große Stücke (à ca. 270 g) teilen und jeweils zu 30–35 cm großen Kreisen ausrollen. ❻ Einen Teigkreis auf ein mit Backpapier ausgelegtes Backblech geben, die Hälfte der Spinatfüllung darauf verteilen und mit der Hälfte vom Käse bestreuen. Den zweiten Teigkreis darauflegen, restliche Spinatfüllung daraufgeben, mit übrigem Käse bestreuen und mit dem dritten Teigkreis abdecken. In die Mitte einen 5 cm großen runden Ausstecher locker aufsetzen, aber nicht andrücken, er dient als Schneidegrenze. Den Teig mit einem Messer vom Rand des Ausstechers bis zur Außenkante in 16 gleich große „Tortenstücke“ schneiden, die in der Mitte verbunden bleiben. ❼ Ein Stück an der Außenkante leicht anheben und 3-mal um seine Längsachse drehen. Alle anderen Stücke auf die gleiche Weise verdrehen, aber jeweils abwechselnd rechts oder links verdrehen. Die Außenkanten verschließen und eventuell ein wenig unter die Teigkante klappen, damit es einen sauberen Abschluss ergibt. Abdecken und **45 Minuten** gehen lassen. ❽ Den Backofen auf **200 °C** Umluft vorheizen. ❾ Für die Eistreiche Eigelb und Milch verquirlen, den Teigling damit bepinseln, mit Schwarzkümmelsaat bestreuen und im vorgeheizten Ofen **25–30 Minuten** backen. ❿ Aus dem Ofen nehmen, die Brotsonne lauwarm abkühlen lassen und servieren.

TIPP Diese gefüllte Brotsonne ist ein Eyecatcher, sie eignet sich hervorragend für einen geselligen Abend und macht sich herrlich auf einem Büfett.

SESAMBAGEL

„Egg in a hole“ MIT GARNELEN

Rezept siehe Seite 92–93

SESAMBAGEL

„Egg in a hole" MIT GARNELEN

ERGIBT 8 SESAMBAGELS

SALZ-HEFE-GEMISCH

12 g Salz
10 g frische Hefe
100 g leitungskaltes Wasser

HAUPTTEIG

250 g Weizenmehl Type 550 plus etwas mehr zum Bemehlen
200 g Hartweizenmehl
170 g leitungskaltes Wasser
15 g Zuckerrübensirup
2 EL Sesamsaat zum Bestreuen

WASSERBAD

1,5 l Wasser
30 g Zuckerrübensirup

FÜR 2 PERSONEN

MANGO-PAPRIKA-FRISCHCREME

½ reife Mango
½ gelbe Paprika
1 kleine Schalotte
1 Knoblauchzehe
1 Bund Schnittlauch
130 g Doppelrahm-Frischkäse
Salz
schwarzer Pfeffer aus der Mühle
einige Tropfen Tabasco

BAGELS UND EIER

2 Sesambagels (siehe oben)
2 Eier (Größe M)
1 EL Butter

GARNELENBELAG

½ Selleriestange
150 g küchenfertige, geschälte kleine Garnelen (Nordsee-Krabben)
1 EL natives Olivenöl extra
Salz
schwarzer Pfeffer aus der Mühle

frei von raffiniertem Zucker

DIE BAGELS ❶ Für das Salz-Hefe-Gemisch Salz und Hefe im Wasser auflösen und abgedeckt **über Nacht (8–16 Stunden)** bei **Raumtemperatur** stehen lassen. ❷ Für den Hauptteig beide Mehle, Wasser und Sirup zusammen mit dem Salz-Hefe-Gemisch in die Rührschüssel der Küchenmaschine geben und mit dem Knethaken bei mittlerer Geschwindigkeit **10–12 Minuten** glatt kneten. (Alternativ 12–15 Minuten von Hand kneten.) Abdecken und **2 Stunden** bei **Raumtemperatur** ruhen lassen. ❸ Den Teig auf der leicht bemehlten Arbeitsfläche in 8 gleich große Stücke (à ca. 90 g) teilen, jeweils rundschleifen und **10 Minuten** abgedeckt entspannen lassen. ❹ Mit einem Kochlöffelstiel jeweils ein Loch in die Mitte der Teigkugeln stechen und den Ring gleichmäßig weiten. Abgedeckt auf der Arbeitsfläche **60 Minuten** ruhen lassen. ❺ Den Backofen auf **220 °C** Umluft vorheizen. ❻ Für das Wasserbad Wasser und Sirup in einem Topf zum Sieden bringen (nicht kochen), die Teiglinge mithilfe eines Schaumlöffels portionsweise hineingeben und **60–90 Sekunden** darin baden, dabei nach der Hälfte der Zeit wenden. Auf ein Backblech mit Dauerbackfolie legen und mit Sesam bestreuen. ❼ In den vorgeheizten Ofen (mittlere Schiene) schieben und ohne Dampf **16–18 Minuten** backen. ❽ Herausnehmen und die Bagels auf einem Küchengitter auskühlen lassen.

TIPP Du kannst das Salz-Hefe-Gemisch auch noch länger bei Raumtemperatur ruhen lassen, bis zu 24 Stunden und auch mehr, denn ab 8 Stunden ändert sich nichts mehr.

BAGELS
ZUBEREITEN 30–35 Minuten
RUHEN 11–19 Stunden
BACKEN 16–18 Minuten
BELAG
ZUBEREITEN 20–25 Minuten
BACKEN 2–3 Minuten

DER BELAG ❾ Den Backofen auf **180 °C** Umluft vorheizen. ❿ Für die Mango-Paprika-Frischcreme Mango schälen, das Fruchtfleisch vom Stein schneiden und fein würfeln. Paprika entkernen, waschen und ebenfalls fein würfeln. Schalotte und Knoblauch schälen und fein würfeln. Schnittlauch waschen, trocken schütteln und in feine Röllchen schneiden, 1 EL davon zum Garnieren beiseitelegen. Mango, Paprika, Schalotte, Knoblauch und Schnittlauch in eine Schüssel geben, mit dem Frischkäse gut verrühren, dann mit Salz, Pfeffer und Tabasco abschmecken. ⓫ Die Bagels horizontal halbieren, mit den Schnittflächen in eine Pfanne geben, ohne Fett rösten und herausnehmen. ⓬ Inzwischen für den Garnelenbelag den Sellerie waschen, in feine Würfel schneiden und in eine Schüssel geben. Garnelen mit Olivenöl, etwas Salz und Pfeffer dazugeben und mischen. ⓭ Eier trennen. Das Eiweiß der zwei Eier getrennt voneinander in einer großen, ofenfesten Pfanne in heißer Butter anbraten, aber bevor es stockt, die oberen Bagelhälften mit den Schnittseiten nach unten auf die Eiweiße setzen. Dann das Eigelb jeweils in das Bagelloch gleiten lassen, die heiße Pfanne in den vorgeheizten Ofen geben und **2–3 Minuten** backen, bis das Eiweiß gestockt ist. ⓮ Währenddessen die unteren Hälften der Bagels mit Frischkäsecreme bestreichen und darauf den Garnelenbelag anrichten. ⓯ Die oberen Bagelhälften aus dem Ofen nehmen, als „Deckel“ auf die belegten unteren Hälften setzen. Mit dem restlichen Schnittlauch garnieren und genießen.

Das Besondere am Bagel ist nicht nur sein Loch, sondern auch, dass er vor dem Backen kurz in Wasser gekocht wird. Das verleiht ihm eine knusprige Hülle und ein weiches Inneres. Unzählige Varianten sind über die Jahre erfunden worden: Ob herzhaft oder süß – Hauptsache, es schmeckt!

Pizzabrötchen
MIT SPINAT UND FETA GEFÜLLT

TEIG
ZUBEREITEN 25–40 Minuten
RUHEN 23 Stunden
FÜLLUNG
ZUBEREITEN 15 Minuten
BACKEN ca. 15 Minuten

ERGIBT CA. 990 G PIZZATEIG
420 g leitungskaltes Wasser
2,5 g frische Hefe
560 g Weizenmehl Tipo 00
plus etwas mehr zum Bemehlen
14 g Salz
AUSSERDEM
Teigwanne mit Deckel
(alternativ Schüssel verwenden)

ERGIBT
22–24 PIZZABRÖTCHEN
350 g Babyspinat
1 Zwiebel
2 Knoblauchzehen
1 EL natives Olivenöl extra
Salz
schwarzer Pfeffer aus der Mühle
1 Prise geriebene Muskatnuss
ca. 990 g Pizzateig (siehe oben)
200 g Feta (48 % Fett)
1 EL Sesamsaat

vegetarisch

DER TEIG ❶ Wasser in die Rührschüssel der Küchenmaschine geben und die Hefe darin auflösen. Mehl hinzufügen, mit dem Kochlöffel grob vermengen, abdecken und **60 Minuten** zur Autolyse stehen lassen. ❷ Salz dazugeben und mit dem Knethaken bei mittlerer Geschwindigkeit **15–30 Minuten** (je nach Mehl und Maschine) intensiv kneten. In die (nicht geölte) Teigwanne geben, verschließen und den Teig erst **5 Stunden** bei **Raumtemperatur,** dann **11 Stunden** im **Kühlschrank** reifen lassen. ❸ Den Teig auf der leicht bemehlten Arbeitsfläche straff rundwirken, wieder in die Teigwanne geben, verschließen und erst **2 Stunden** im **Kühlschrank,** dann **4 Stunden** bei **Raumtemperatur** ruhen lassen.

DIE FÜLLUNG ❹ Den Backofen auf **250 °C** Ober-/Unterhitze vorheizen. ❺ Spinat waschen und abtropfen lassen. Zwiebel und Knoblauch schälen und fein würfeln. ❻ Olivenöl in einer Pfanne erhitzen, Zwiebel und Knoblauch darin anschwitzen. Spinat dazugeben und zusammenfallen lassen. Mit Salz, Pfeffer und Muskatnuss würzen, in eine Schüssel füllen und abkühlen lassen. ❼ Den Pizzateig dünn zu einem ca. 30 × 40 cm großen Rechteck ausrollen. Den Feta mit der Hand zerbröseln und auf dem Hefeteig verteilen. Die Spinatmischung ebenfalls darauf verteilen. Den Teig von der langen Kante her stramm aufrollen, dann die Rolle mit einem Messer in 22–24 kleine Dreiecke schneiden. ❽ Auf ein mit Backpapier ausgelegtes Backblech setzen, die Teiglinge mit Wasser besprühen und mit Sesam bestreuen. In den vorgeheizten Ofen (mittlere Schiene) geben und **ca. 15 Minuten** backen. ❾ Aus dem Ofen nehmen und die Pizzabrötchen heiß oder lauwarm servieren.

Italienisches Brot

MIT TOMATE, MOZZARELLA UND PESTO

BROT
ZUBEREITEN 20 Minuten
RUHEN 5–17 Stunden
BACKEN 50 Minuten
BELAG
ZUBEREITEN 20 Minuten
GRILLEN 5–8 Minuten

ERGIBT 1 RUNDES ITALIENISCHES BROT
300 g Weizenmehl Tipo 1
plus etwas mehr zum Bemehlen
200 g Semola rimacinata (Hartweizenmehl)
310 g leitungskaltes Wasser
4 g frische Hefe
15 g Olivenöl
plus etwas mehr zum Einfetten
12 g Salz
AUSSERDEM
rundes Gärkörbchen (siehe auch Tipp)
Brotschieber (alternativ großes Küchenbrett verwenden)

FÜR 2–4 PERSONEN
PISTAZIEN-RUCOLA-PESTO
60 g grüne Pistazienkerne
50 g Rucola
50 ml natives Olivenöl extra
Salz
schwarzer Pfeffer aus der Mühle
TOMATENSALAT
2 kleine rote Zwiebeln
4 San-Marzano-Tomaten (alternativ andere Tomaten)
1–2 EL natives Olivenöl extra
1 TL weißer Balsamicoessig
Salz
schwarzer Pfeffer aus der Mühle
3–4 Stängel Oregano
BELAG UND BROT
250 g Mozzarella
1 rundes italienisches Brot (siehe oben)
einige Basilikumblätter zum Garnieren

vegetarisch, frei von raffiniertem Zucker

DAS BROT ❶ Alle Zutaten in die Rührschüssel der Küchenmaschine geben und mit dem Knethaken bei mittlerer Geschwindigkeit **10–12 Minuten** elastisch kneten. (Alternativ 12–15 Minuten von Hand kneten.) Den Teig zu einer Kugel formen, in eine leicht geölte Schüssel legen, abdecken und **3 Stunden** reifen lassen. ❷ Den Teig auf der leicht bemehlten Arbeitsfläche leicht ausbreiten, von allen Seiten zur Mitte einschlagen, dann rundwirken, um Spannung zu erzeugen. Mit dem Schluss nach oben in das bemehlte Gärkörbchen legen und abgedeckt entweder **2 Stunden** bei **Raumtemperatur** oder **8–14 Stunden** im **Kühlschrank** reifen lassen. ❸ Den Backofen mindestens **30 Minuten** auf **250 °C** Ober-/Unterhitze vorheizen, dabei ein Backblech (mittlere Schiene) mit hineingeben. ❹ Den Teig auf einen Bogen Backpapier stürzen, mit einem Kochlöffelstiel in die Mitte ein Loch bohren und dieses vorsichtig erweitern. Dann die Oberfläche 3–4-mal einschneiden, mithilfe des Brotschiebers auf dem heißen Blech im vorgeheizten Ofen platzieren, die Temperatur auf **215 °C** reduzieren und mit viel Dampf **50 Minuten** backen. ❺ Aus dem Ofen nehmen, sogleich mit Wasser besprühen und auf einem Küchengitter auskühlen lassen.

TIPP Falls du kein Gärkörbchen hast, eine Schüssel mit einem bemehlten Küchentuch auslegen und den Teig hineingeben.

DER BELAG ❻ Den Backofen mit Grillfunktion vorheizen. ❼ Für das Pistazien-Rucola-Pesto die Pistazien in einer Pfanne ohne Fett rösten, bis sie duften. ❽ Inzwischen Rucola waschen, trocken schütteln, grob klein schneiden und in einen Mixbecher geben. Pistazien, Olivenöl, etwas Salz und Pfeffer hinzufügen und mit dem Stabmixer zu einem stückigen Pesto verarbeiten. ❾ Für den Tomatensalat Zwiebeln schälen, halbieren und in feine Streifen schneiden. Tomaten waschen, Stielansätze entfernen, in dünne Scheiben schneiden und mit den Zwiebeln in eine Schüssel geben. Olivenöl, Balsamicoessig, etwas Salz und Pfeffer dazugeben und vermengen. Oregano abspülen, trocken schütteln, die Blätter abzupfen und zum Salat geben. ❿ Für den Belag Mozzarella grob raspeln. Brot horizontal halbieren, die untere Hälfte etwas aushöhlen, dann mit Tomatensalat und Mozzarella füllen, auf ein Backblech geben und im vorgeheizten Ofen **5–8 Minuten** grillen, bis der Käse zu schmelzen beginnt. ⓫ Herausnehmen, das Pesto darauf verteilen mit Basilikum garnieren, die obere Brothälfte auflegen und in Stücke geschnitten servieren.

PFANNENGERÖSTETES

Brot mit Coppa UND TOMATEN

BROT
ZUBEREITEN 10 Minuten
RUHEN 24 Stunden
BACKEN 40–50 Minuten
BELAG
ZUBEREITEN 15 Minuten
BACKEN 4–5 Minuten

ERGIBT
1 WEIZENMISCHBROT
4 g frische Hefe
370 g leitungskaltes Wasser
330 g Weizenmehl Type 550
plus etwas mehr zum Bemehlen
200 g Roggenmehl Type 1150
11 g Salz
AUSSERDEM
Gärkörbchen
gusseiserner Topf mit Deckel

FÜR 2 PERSONEN
4 Scheiben Weizenmischbrot
(siehe oben)
1 EL Kräuterbutter
2 EL natives Olivenöl extra
1 große rote Zwiebel
50 g Parmesan
150 g bunte Cocktailtomaten
je 2–3 Stängel glatte Petersilie
und Dill
100 g Doppelrahm-Frischkäse
100 g Coppa in dünnen
Scheiben (alternativ
luftgetrockneter Schinken)
Meersalzflocken
schwarzer Pfeffer aus der Mühle

vegetarisch, frei von raffiniertem
Zucker

DAS BROT ❶ In einer großen Schüssel die Hefe im Wasser auflösen, dann beide Mehle und Salz hinzufügen und mit einem Kochlöffel so lange verrühren, bis keine Mehlnester mehr zu sehen sind. Die Schüssel abdecken und den Teig bei **Raumtemperatur 4 Stunden** reifen lassen. ❷ Den Teig schonend auf eine leicht bemehlte Arbeitsfläche stürzen und rundwirken. Dann mit dem Schluss nach unten in das bemehlte Gärkörbchen geben, abdecken und im **Kühlschrank 20 Stunden** reifen lassen. ❸ Den Backofen auf **250 °C** Ober-/Unterhitze vorheizen, dabei den gusseisernen Topf mit aufgelegtem Deckel (mittlere Schiene) mit hineingeben. ❹ Den Teigling in den heißen Topf stürzen, den Deckel aufsetzen, die Ofentemperatur auf **230 °C** reduzieren und **40–50 Minuten** backen, dabei nach **10 Minuten** den Deckel abnehmen, die Temperatur auf **210 °C** reduzieren und bis zur gewünschten Bräunung fertig backen. ❺ Aus dem Ofen nehmen, etwas abkühlen lassen, dann aus dem Topf stürzen und das Weizenmischbrot auf einem Küchengitter auskühlen lassen.

DER BELAG ❻ Den Backofen auf **200 °C** Umluft vorheizen. ❼ Brotscheiben mit Kräuterbutter bestreichen und in einer großen, ofenfesten Pfanne in 1 EL Olivenöl von beiden Seiten kräftig rösten. ❽ Inzwischen Zwiebel schälen und fein würfeln. Parmesan fein reiben, Cocktailtomaten waschen und alles beiseitestellen. ❾ Kräuter waschen, trocken schütteln, fein hacken und unter den Frischkäse rühren. Die gerösteten Brotscheiben aus der Pfanne nehmen und damit bestreichen. ❿ Zwiebelwürfel in derselben Pfanne im restlichen Olivenöl anrösten. Brotscheiben (Belag oben) rosettenförmig zu den Zwiebeln in die Pfanne geben, mit Coppa üppig belegen, den Parmesan darüberstreuen und Cocktailtomaten dazugeben. ⓫ Die Pfanne in den vorgeheizten Ofen geben und **4–5 Minuten** backen, bis der Käse zu schmelzen beginnt. ⓬ Herausnehmen, mit Meersalzflocken und reichlich Pfeffer würzen und aus der Pfanne servieren.

teigstangen MIT WIRSING, HACK UND BERGKÄSE

TEIG
ZUBEREITEN ca. 15 Minuten
RUHEN 3 Stunden
BELAG
ZUBEREITEN 30 Minuten plus Abkühlen
BACKEN 20 Minuten

ERGIBT CA. 820 G HEFETEIG
500 g Weizenmehl Type 550
290 g leitungskaltes Wasser
6 g frische Hefe
10 g natives Olivenöl extra
5 g Zuckerrübensirup (alternativ Honig oder Zucker)
10 g Salz

ERGIBT 10 TEIGSTANGEN
1 kleine Zwiebel
200 g Wirsing
200 g Rinderhackfleisch
1 EL natives Olivenöl extra
Salz
schwarzer Pfeffer aus der Mühle
100 g Sahne
50 ml Weißwein (alternativ Gemüsebrühe und 1 TL Zitronensaft)
100 g Bergkäse
ca. 820 g Hefeteig (siehe oben)
Weizenmehl Type 405 oder 550 zum Bemehlen
1 Eigelb (Größe M)

frei von raffiniertem Zucker

DER TEIG ❶ Alle Zutaten in die Rührschüssel der Küchenmaschine geben und mit dem Knethaken erst bei langsamer Geschwindigkeit **8 Minuten,** dann auf mittlerer Stufe weitere **4–6 Minuten** zu einem glatten, festen Teig kneten. (Alternativ ca. 15 Minuten von Hand kneten.) ❷ Abdecken und den Teig beim **Raumtemperatur 3 Stunden** reifen lassen, dabei nach **30** und **60 Minuten** jeweils einmal dehnen und falten.

DER BELAG ❸ Den Backofen auf **210 °C** Ober-/Unterhitze vorheizen. ❹ Zwiebel schälen und sehr fein würfeln. Wirsing waschen, in feine Streifen schneiden, dann fein würfeln. ❺ Hackfleisch im Olivenöl feinkrümelig anbraten. Zwiebel und Wirsing hinzufügen, mit Salz und Pfeffer würzen und **3–4 Minuten** mitbraten. ❻ Mit Sahne und Weißwein ablöschen und einkochen lassen. Vom Herd nehmen und abkühlen lassen. ❼ Bergkäse fein reiben. ❽ Den Hefeteig auf der leicht bemehlten Arbeitsfläche zu einem ca. 30 × 40 cm großen Rechteck ausrollen. Hackfleisch-Wirsing-Mischung gleichmäßig darauf verteilen und mit Käse bestreuen. Den Teig von der Langseite mittig über die Füllung klappen, sodass ein ca. 15 × 40 cm großer gefüllter Teigstreifen entsteht. ❾ Dann parallel zur kurzen Teigseite in 10 gleich breite Teigstreifen schneiden, diese in sich locker verdrehen und auf ein mit Backpapier ausgelegtes Backblech geben. Mit Eigelb bepinseln, in den vorgeheizten Ofen (mittlere Schiene) geben und **20 Minuten** goldbraun backen. ❿ Herausnehmen, die Teigstangen etwas abkühlen lassen und warm oder kalt servieren.

Bubbles
MIT ORANGENBUTTER
UND KRÄUTERN

TEIG
ZUBEREITEN ca. 15 Minuten
RUHEN 3 Stunden
BELAG
ZUBEREITEN 15–20 Minuten
RUHEN 45 Minuten
BACKEN 25–30 Minuten

ERGIBT CA. 820 G HEFETEIG
500 g Weizenmehl Type 550
290 g leitungskaltes Wasser
6 g frische Hefe
10 g natives Olivenöl extra
5 g Zuckerrübensirup (oder Honig oder Zucker)
10 g Salz

ERGIBT 40 BUBBLES
ca. 820 g Hefeteig (siehe oben)
Weizenmehl Type 405 oder 550 zum Bemehlen
1 Bioorange
100 g Butter
Salz
schwarzer Pfeffer aus der Mühle
je 2–3 Stängel glatte Petersilie und Dill
½ kleines Bund Schnittlauch
AUSSERDEM
rundes Pizzablech 34–36 cm Ø

vegetarisch, frei von raffiniertem Zucker

DER TEIG ❶ Alle Zutaten in die Rührschüssel der Küchenmaschine geben und mit dem Knethaken erst bei langsamer Geschwindigkeit **8 Minuten,** dann auf mittlerer Stufe weitere **4–6 Minuten** zu einem glatten, festen Teig kneten. (Alternativ ca. 15 Minuten von Hand kneten.) ❷ Abdecken und den Teig bei **Raumtemperatur 3 Stunden** reifen lassen, dabei nach **30** und **60 Minuten** jeweils einmal dehnen und falten.

DER BELAG ❸ Hefeteig auf der leicht bemehlten Arbeitsfläche in ca. 40 gleich große Stücke (à ca. 20 g) teilen, zu kleinen Kugeln formen und nebeneinander mit kleinem Abstand auf das mit Backpapier ausgelegte Pizzablech legen. Abdecken und **45 Minuten** gehen lassen. ❹ Den Backofen auf **210 °C** Ober-/Unterhitze vorheizen. ❺ Orange waschen und die Schale fein in eine Schüssel reiben. Butter in einem kleinen Topf zerlassen, mit etwas Salz und Pfeffer zur Orangenschale geben und gut vermischen. ❻ Das Pizzablech in den Ofen (mittlere Schiene) geben und **25–30 Minuten** backen, dabei die Bubbles nach **15 Minuten** mit der Hälfte der Orangenbutter behutsam ohne Druck bestreichen. ❼ Petersilie, Dill und Schnittlauch abspülen und trocken schütteln. Petersilie und Dill fein hacken, Schnittlauch in sehr feine Röllchen schneiden. ❽ Das Pizzablech aus dem Ofen nehmen, die Bubbles mit der restlichen Orangenbutter bestreichen, noch heiß die Kräuter darüberstreuen, lauwarm abkühlen lassen und servieren.

TIPP Biete diese Bubbles mal auf einem Büfett an, deine Gäste werden begeistert sein. Sie sind auch bestens geeignet für einen Grillabend.

Croque Monsieur mit Trüffel

TOASTBROT
ZUBEREITEN 25 Minuten
RUHEN mind. 7–8 Stunden
BACKEN 25–30 Minuten
BELAG
ZUBEREITEN 5 Minuten
BACKEN ca. 10 Minuten

ERGIBT 1 TOASTBROT

SALZ-HEFE-GEMISCH
10 g Salz
10 g frische Hefe
100 g leitungskaltes Wasser

HAUPTTEIG
500 g Weizenmehl Type 550 plus etwas mehr zum Bemehlen
235 g kalte Milch (3,5 % Fett)
15 g Honig
Pflanzenöl zum Einfetten

EISTREICHE
1 Ei (Größe M)
1 Prise Salz

AUSSERDEM
Kastenform (30 cm Länge)

FÜR 2 PERSONEN
4 Scheiben Toastbrot (siehe oben)
2 EL Kräuterbutter
4 Scheiben Gruyère
4 Scheiben Kochschinken
125 g geriebener Mozzarella (am besten Fior-di-Latte-Mozzarella)
2–3 Stängel glatte Petersilie
40 g frischer schwarzer Sommertrüffel (alternativ Sommertrüffel aus dem Glas, gewürfelt)
schwarzer Pfeffer aus der Mühle

frei von raffiniertem Zucker

DAS TOASTBROT ❶ Für das Salz-Hefe-Gemisch Salz und Hefe im Wasser auflösen und abgedeckt mindestens **4 Stunden** (besser über Nacht) bei **Raumtemperatur** stehen lassen. ❷ Für den Hauptteig Mehl, Milch und Honig zusammen mit dem Salz-Hefe-Gemisch in die Rührschüssel der Küchenmaschine geben und mit dem Knethaken erst bei langsamer Geschwindigkeit **3 Minuten,** dann auf schneller Stufe **10–12 Minuten** glatt und elastisch kneten. (Alternativ 15–18 Minuten von Hand kneten.) Abdecken und bei **Raumtemperatur 2 Stunden** reifen lassen, bis sich das Teigvolumen verdoppelt hat. ❸ Die Kastenform mit Öl ausstreichen oder mit Backpapier auslegen. Den Teig auf die bemehlte Arbeitsfläche geben und zu einem ca. 30 × 60 cm großen Rechteck ausrollen. Von der kurzen Seite her zu einem straffen Zylinder aufrollen, in 4 gleich große Stücke teilen und diese quer in die vorbereitete Form legen (Schnittflächen an der langen Formwand). Abgedeckt weitere **1–2 Stunden** ruhen lassen. ❹ Den Backofen auf **250 °C** Ober-/Unterhitze vorheizen. ❺ Für die Eistreiche das Ei mit dem Salz verquirlen und die Teigoberfläche damit bestreichen. Die Form in den vorgeheizten Ofen (mittlere Schiene) geben, die Temperatur auf **200 °C** reduzieren und **25–30 Minuten** backen. ❻ Herausnehmen, etwas abkühlen lassen, dann das Toastbrot aus der Form stürzen oder heben und auf einem Küchengitter auskühlen lassen.

DER BELAG ❼ Den Backofen auf **220 °C** Ober-/Unterhitze vorheizen. ❽ Die Toastbrotscheiben auf ein Backblech geben und im vorgeheizten Ofen von beiden Seiten jeweils **ca. 2–3 Minuten** pro Seite goldbraun toasten (alternativ im Toaster rösten). ❾ Herausnehmen (den Ofen eingeschaltet lassen) und die Toastscheiben mit Kräuterbutter bestreichen. Dann 2 Scheiben mit je 2 Scheiben Kochschinken und 2 Scheiben Gruyère belegen. Die übrigen Toastscheiben (mit der Butterseite nach unten) auflegen und mit Mozzarella bestreuen. Im Ofen **ca. 5 Minuten** backen, bis der Käse zu schmelzen beginnt. ❿ Inzwischen die Petersilie abspülen, trocken schütteln und fein hacken. ⓫ Das Blech aus dem Ofen nehmen, die Croques Monsieur auf Teller geben, diagonal halbieren, mit Petersilie garnieren und reichlich Trüffel darüberhobeln. Mit Pfeffer bestreuen und warm servieren.

PITA-TASCHE DE LUXE MIT Romesco-Sauce

Rezept siehe Seite 108–109

Zupfbrötchen

MIT ZITRONEN-PETERSILIEN-BUTTER, TALEGGIO UND SALAMI

BRÖTCHEN
ZUBEREITEN 25 Minuten
RUHEN 10–18 Stunden
BACKEN 15–25 Minuten
BELAG
ZUBEREITEN 15 Minuten
GRILLEN ca. 5 Minuten

ERGIBT 9–12 ZUPFBRÖTCHEN
TEIG
500 g Weizenmehl Tipo 0 (alternativ Weizenmehl Type 550) plus etwas mehr zum Bemehlen
300 g leitungskaltes Wasser plus nach Bedarf zusätzlich 20–65 g leitungskaltes Wasser
5 g frische Hefe
15 g natives Olivenöl extra plus etwas mehr zum Einfetten
10 g Salz
AUSSERDEM
Teigwanne mit Deckel (alternativ Schüssel verwenden)
Backstahl oder -stein (alternativ umgedrehtes Backblech)
Brotschieber (alternativ großes Küchenbrett verwenden)

FÜR 2 PERSONEN
1 TL Fenchelsaat
60 g weiche Butter
abgeriebene Schale von 1 Biozitrone
Salz
schwarzer Pfeffer aus der Mühle
½ Bund glatte Petersilie
100 g Taleggio
2 Zupfbrötchen (siehe oben)
60 g kleine Salamischeiben

frei von raffiniertem Zucker

DIE BRÖTCHEN ❶ Für den Teig alle Zutaten in die Rührschüssel der Küchenmaschine geben und mit dem Knethaken bei langsamer Geschwindigkeit **8 Minuten** kneten, dabei nach **4–5 Minuten** schluckweise vom zusätzlichen Wasser zugeben (je nach Mehl zwischen 20 und 65 g). Dann auf schnelle Stufe stellen und noch **5 Minuten** fertig kneten. (Alternativ ca. 15 Minuten von Hand kneten.) ❷ Den Teig in die geölte Teigwanne (oder Schüssel) geben und abgedeckt **2 Stunden** bei **Raumtemperatur** anspringen lassen, dabei nach **30, 60** und **90 Minuten** jeweils einmal dehnen und falten. Wieder in die geölte Teigwanne (oder Schüssel) geben und abgedeckt **über Nacht (8–16 Stunden)** bei **4–5 °C** im **Kühlschrank** reifen lassen. ❸ Den Backofen mit Backstahl oder -stein (mittlere Schiene) auf **250–300 °C** Ober-/Unterhitze vorheizen. ❹ Den Teig auf die stark bemehlte Arbeitsfläche stürzen, von oben bemehlen und 9–12 etwa quadratische Teiglinge (à 70–90 g) abstechen. Auf Backpapier setzen, mithilfe des Brotschiebers auf dem heißen Backstahl platzieren, die Temperatur auf **230 °C** reduzieren und mit sehr viel Dampf je nach gewünschter Bräunung **15–25 Minuten** backen. ❺ Herausnehmen und die Zupfbrötchen auf einem Küchengitter auskühlen lassen.

DER BELAG ❻ Den Backofen mit Grillfunktion vorheizen. ❼ Fenchelsaat in einer Pfanne ohne Fett rösten, bis sie anfängt zu duften, dann grob mörsern. ❽ Inzwischen Butter mit Zitronenabrieb, etwas Salz und Pfeffer glatt rühren. Petersilie waschen, trocken schütteln, fein hacken und die Hälfte unter die Zitronenbutter rühren. ❾ Taleggio in Scheiben schneiden. Die Oberfläche der Zupfbrötchen mehrfach rautenförmig tief einschneiden, aber nicht durchschneiden. Die Schnittstellen mit Zitronen-Petersilien-Butter, Fenchelsaat, Taleggio und Salami füllen, die Brötchen auf ein Backblech setzen und unter dem Backofengrill **ca. 5 Minuten** grillen, bis der Käse zu schmelzen beginnt. ❿ Aus dem Ofen nehmen, mit restlicher Petersilie bestreuen und servieren.

Bao-Buns
„BBQ-ASIA-STYLE"

BAO-BUNS
ZUBEREITEN 25–30 Minuten
RUHEN 90 Minuten
DÄMPFEN 15 Minuten
ABKÜHLEN 5–10 Minuten
FÜLLUNG
ZUBEREITEN 20 Minuten

ERGIBT CA. 15 BAO-BUNS
400 g Weizenmehl Type 405
plus etwas mehr zum Bemehlen
200 g leitungskaltes Wasser
10 g frische Hefe
10 g Sonnenblumenöl
plus Öl zum Bestreichen
10 g Zucker
9 g Salz

FÜR 2 PERSONEN
150 g weißer Rettich
1 Karotte
1 rote Zwiebel
½ Chayote (alternativ
¼ Salatgurke)
einige Salatblätter (z. B. Lollo
bionda oder Romanasalatherz)
2 Knoblauchzehen
250 g Schweinenacken
Salz
schwarzer Pfeffer aus der Mühle
1–2 EL natives Olivenöl extra
2 EL süße Chilisauce
150 ml BBQ-Sauce
1 EL Sojasauce
½ TL Sambal Oelek
6 lauwarme Bao-Buns
(siehe oben)

laktosefrei

DIE BAO-BUNS ❶ Alle Zutaten in die Rührschüssel der Küchenmaschine geben und mit dem Knethaken bei mittlerer Geschwindigkeit **12–15 Minuten** glatt kneten. (Alternativ 15–18 Minuten von Hand kneten.) Abdecken und bei **Raumtemperatur 60 Minuten** reifen lassen. ❷ Den Teig auf einer bemehlten Arbeitsfläche ca. 5 mm dünn ausrollen und ca. 10 cm große Kreise ausstechen, dabei Teigreste zusammenfügen, ausrollen und ausstechen – es sollten insgesamt ca. 15 Teigkreise entstehen. Abdecken und **30 Minuten** reifen lassen. ❸ 500 ml Wasser in einem großen Topf zum Kochen bringen. Die Teiglinge auf einer Seite dünn mit Öl bepinseln und locker zu einem Halbkreis zusammenklappen (geölte Seiten innen). Jeweils auf ein Stück Backpapier setzen und nebeneinander in einen großen Dampfgareinsatz geben, dabei das Backpapier um die Halbkreise herum hochziehen. In den Topf über das kochende Wasser setzen, den Deckel auflegen und **15 Minuten** dämpfen. ❹ Den Topf vom Herd nehmen und die Bao-Buns bei geschlossenem Deckel **5–10 Minuten** ruhen und leicht abkühlen lassen. Dann den Einsatz herausheben und nach Rezept warm weiterverwenden.

TIPP Übrig gebliebene Bao-Buns kann man sehr gut einfrieren.

DIE FÜLLUNG ❺ Rettich, Karotte und Zwiebel schälen und in feine Streifen schneiden. Chayote schälen, entkernen und ebenfalls in feine Streifen schneiden. Salat waschen, trocken schütteln und grob zerpflücken. ❻ Knoblauch schälen und fein würfeln. Schweinenacken in sehr dünne Streifen schneiden, mit Salz und Pfeffer würzen und in einer Pfanne im Olivenöl **5–6 Minuten** kräftig unter gelegentlichem Wenden braten. Knoblauch und Chilisauce dazugeben und verrühren. ❼ Inzwischen die BBQ-Sauce mit Sojasauce und Sambal Oelek glatt rühren. ❽ Die Bao-Buns etwas aufklappen, mit Fleischstreifen, Rettich, Karotte, Zwiebel, Chayote und Salatblättern füllen. Dann mit der BBQ-Saucenmischung beträufeln und servieren.

CHAYOTE Die hellgrünen, birnenförmigen Chayote-Früchte, die zur Familie der Kürbisgewächse gehören, haben einen milden, leicht süßlichen Geschmack und werden vor allem in der mexikanischen Küche als Gemüse verwendet.

PIZZA *bianca* AUS SAUERTEIG

Rezept siehe Seite 116–117

PIZZA bianca AUS SAUERTEIG

ERGIBT 4 PIZZATEIGKUGELN (À CA. 250 G)

SAUERTEIG
40 g sehr aktives Anstellgut (siehe Tipp und S. 12–13)
40 g Weizenmehl Type 1050
40 g Wasser (35 °C)

HAUPTTEIG
500 g Pizzamehl Tipo 00 plus etwas mehr zum Bemehlen
375 g leitungskaltes Wasser
12 g Salz
Pflanzenöl zum Einfetten

AUSSERDEM
Teigwanne oder Gärbox (alternativ große Schüssel oder großen Behälter verwenden)

FÜR 2 PERSONEN
100 g Crème fraîche
Salz
schwarzer Pfeffer aus der Mühle
50 g Parmesan
1 kleiner Zweig Rosmarin
100 g Blauschimmelkäse (z. B. Gorgonzola)
150 g helle kernlose Weintrauben
1 größere rote Zwiebel
2 Pizzateigkugeln (à ca. 250 g, siehe oben)
2–3 Stängel glatte Petersilie
natives Olivenöl extra zum Beträufeln
Zitronensaft zum Beträufeln

AUSSERDEM
Pizzastahl oder -stein (alternativ umgedrehtes Backblech verwenden)
Pizza- oder Brotschieber (alternativ großes Küchenbrett nehmen)

vegetarisch, frei von raffiniertem Zucker

DIE TEIGKUGELN ❶ Für den Sauerteig alle Zutaten in die Rührschüssel der Küchenmaschine geben, mit einem Kochlöffel mischen, abdecken und bei **Raumtemperatur ca. 4 Stunden** reifen lassen. ❷ Für den Hauptteig Mehl, Wasser und Salz zum Sauerteig geben und mit dem Knethaken bei mittlerer Geschwindigkeit **12–15 Minuten** kneten. Abdecken und den Teig bei **Raumtemperatur 6 Stunden** reifen lassen, bis sich das Volumen verdoppelt hat. ❸ Den Teig auf der leicht bemehlten Arbeitsfläche in 4 gleich große Stücke (à ca. 250 g) teilen und jeweils rundschleifen. In die leicht geölte Teigwanne legen, verschließen und im **Kühlschrank 8–10 Stunden** ruhen lassen. ❹ So viele Teigkugeln aus der Teigwanne nehmen, wie gebraucht werden, und **1–2 Stunden Raumtemperatur** annehmen lassen (restliche Kugeln siehe Tipp).

TIPP Das Anstellgut muss sehr aktiv sein. Gegebenenfalls vorher 2–3-mal auffrischen (siehe S. 12–13). Übrig gebliebene Teigkugeln in einer Gefrierbox einfrieren. Bei Bedarf aus dem Gefrierfach nehmen, im Kühlschrank ca. 6 Stunden auftauen lassen, dann 1–2 Stunden Raumtemperatur annehmen lassen und nach Rezept weiterverarbeiten.

DER BELAG ❺ Den Backofen mit dem Pizzastahl oder -stein (mittlere Schiene) auf mindestens **250 °C** (besser 300 °C) Ober-/Unterhitze und mindestens **30 Minuten** vorheizen. ❻ Crème fraîche mit etwas Salz und Pfeffer glatt rühren. Parmesan fein reiben. Rosmarin abspülen, trocken schütteln und die Nadeln fein hacken. Schimmelkäse in kleine Stücke schneiden. Trauben waschen, von den Rispen zupfen und halbieren. Zwiebel schälen und in feine Ringe schneiden. ❼ Eine Teigkugel mit den Fingern von der Mitte zum Rand hin zu einem dünnen Pizzaboden formen, auf den Pizza- oder Brotschieber

TEIGKUGELN
ZUBEREITEN 25 Minuten
RUHEN 18–20 Stunden
TEMPERIEREN 1–2 Stunden
BELAG
ZUBEREITEN 15–20 Minuten
BACKEN 8–10 Minuten

legen und zurechtziehen. Dann mit der Hälfte der gewürzten Crème fraîche bestreichen, mit der Hälfte von Parmesan und Rosmarin bestreuen. Mit jeweils der Hälfte von Schimmelkäse, Trauben und Zwiebelringen belegen, in den Backofen einschießen und **4–5 Minuten** backen. ❽ Währenddessen auf die gleiche Weise den zweiten Pizzaboden vorbereiten und backen. ❾ Petersilie abspülen, trocken schütteln und die Blätter grob hacken. ❿ Zum Servieren die Pizzen mit Olivenöl und Zitronensaft beträufeln, mit Petersilie bestreuen und kräftig mit schwarzem Pfeffer würzen.

PIZZAOFEN-TIPP Wer einen Pizzaofen hat, heizt diesen gemäß Herstellerangaben auf 450 °C vor. Dann wie beschrieben Pizzaboden formen, belegen, mit einem Pizza- oder Brotschieber in den vorgeheizten Ofen einschießen und nur 1–2 Minuten backen.

Die Pizza rossa mit Tomatensauce, Käse und Wunschbelag kennt jeder von uns. Aber wie sieht es mit einer weißen Pizza aus? Die Pizza bianca ist keine neue Erfindung. Sie ist genauso fester Bestandteil der italienischen Küche wie ihre berühmte Schwester. Je nach Region kann der Belag variieren, die bekannteste Pizza bianca ist die nach römischer Art. Sie besteht aus Pizzateig, Olivenöl, etwas Salz, vielleicht noch Kräutern und/oder hellem Käse. Was macht der Sauerteig nun Besonderes mit dieser Pizza bianca? Die Sauerteigpizza ist knuspriger und besitzt viel mehr Aroma als ihre Weißmehl-Schwester, und bekömmlicher ist sie auch. Dafür sollte sich der Mehraufwand wohl lohnen.

GRIECHISCHES Sandwich MIT ZIEGENKÄSE UND ARTISCHOCKEN

Rezept siehe Seite 120–121

Griechisches Sandwich mit Ziegenkäse und Artischocken

ERGIBT
6 SANDWICHBAGUETTES

POOLISH
150 g Weizenmehl Type 1050
150 g leitungskaltes Wasser
1 g frische Hefe

AUTOLYSETEIG
715 g Weizenmehl Type 1050
440 g leitungskaltes Wasser

HAUPTTEIG
6 g frische Hefe
40–80 g leitungskaltes Wasser
22 g Salz
Weizenmehl Type 1050
zum Bemehlen

FÜR 2 PERSONEN
1 große rote Zwiebel
1 Biozitrone
1 Dose Artischocken, abgetropft (240 g)
1 EL natives Olivenöl extra plus etwas mehr zum Beträufeln
etwas Fenchelgrün (alternativ einige Stängel Dill)
Salz
schwarzer Pfeffer aus der Mühle
2 Sandwichbaguettes (siehe oben)
60 g Walnusskerne
150 g Ziegencamembert (alternativ Camembert aus Kuhmilch)
80 g entsteinte grüne und schwarze Oliven (gemischt)
2 EL flüssiger Honig

vegetarisch, laktosefrei, frei von raffiniertem Zucker

DIE SANDWICHBAGUETTES ❶ Für den Poolish alle Zutaten in einer Schüssel mischen, abdecken und bei **Raumtemperatur 10–14 Stunden** reifen lassen. ❷ Für den Autolyseteig Mehl und Wasser in die Rührschüssel der Küchenmaschine geben, mit einem Kochlöffel vermischen, abdecken und **60 Minuten** ruhen lassen. ❸ Für den Hauptteig Poolish, Hefe und 40 g Wasser zum Autolyseteig geben und mit dem Knethaken bei mittlerer Geschwindigkeit **6–8 Minuten** kneten, dabei bei Bedarf noch bis zu 40 g Wasser hinzufügen. Salz hinzufügen und weitere **2 Minuten** kneten. (Alternativ 8–10 Minuten von Hand kneten.) ❹ Abdecken und den Teig bei **Raumtemperatur 60 Minuten** anspringen lassen, dabei nach jeweils **30 Minuten** einmal dehnen und falten. Abdecken und im **Kühlschrank 24 Stunden** ruhen lassen. ❺ Den Teig auf der leicht bemehlten Arbeitsfläche in 6 gleich große Stücke (à ca. 255 g) teilen, locker langwirken und abgedeckt auf der Arbeitsfläche **30 Minuten** entspannen lassen. ❻ Dann die Teiglinge straff zu Baguettes langwirken, mit Abstand auf ein bemehltes Küchentuch legen, das Tuch zwischen den Teiglingen hochziehen, abdecken und noch **60 Minuten** im Tuch ruhen lassen. ❼ Den Backofen auf **250 °C** Ober-/Unterhitze vorheizen. ❽ Die Teiglinge mit dem Schluss nach unten auf ein mit Backpapier ausgelegtes Backblech legen, einschneiden und im vorgeheizten Ofen (mittlere Schiene) mit viel Dampf **30 Minuten** backen. ❾ Herausnehmen und die Sandwichbaguettes auf einem Küchengitter auskühlen lassen.

DER BELAG ❿ Den Backofen auf **180 °C** Umluft vorheizen. ⓫ Zwiebel schälen, halbieren und in feine Streifen schneiden. Zitrone waschen, die Schale fein abreiben, den Saft auspressen. ⓬ Artischocken vierteln und in eine Schüssel geben. Zwiebel, Zitronenschale und -saft, Olivenöl, die Hälfte des Fenchelgrüns, etwas Salz und Pfeffer

SANDWICHBAGUETTES
ZUBEREITEN 20–25 Minuten
RUHEN 37,5–41,5 Stunden
BACKEN 30 Minuten
BELAG
ZUBEREITEN 15 Minuten
BACKEN 7–8 Minuten

hinzufügen und vermischen. ⓭ Die Sandwichbaguettes aufschneiden, die unteren Hälften etwas aushöhlen, mit der Artischockenmischung füllen, auf ein Backblech setzen und im vorgeheizten Ofen **5 Minuten** backen. ⓮ Inzwischen Walnüsse grob hacken und in einer Pfanne ohne Fett rösten. Käse in Scheiben schneiden. Oliven halbieren. ⓯ Das Blech aus dem Ofen nehmen, die Baguettehälften mit Käse belegen, Oliven und Walnüsse daraufgeben, mit Honig beträufeln und weitere **2–3 Minuten** im Ofen überbacken, bis der Käse zu schmelzen beginnt. ⓰ Mit restlichem Fenchelgrün garnieren, etwas Olivenöl darüberträufeln, die oberen Baguettehälften auflegen und servieren.

Gerade die Mittelmeerküche gilt als besonders gesund, und deshalb schaufeln wir alles Gute und Gesunde auf unser griechisches Baguette. In der Olive finden sich ungesättigte Fettsäuren, Kalium, Natrium, Magnesium und die Vitamine A und E. Die Artischocke aus unserem Rezept enthält überhaupt kein Fett, dafür aber viele Ballaststoffe, Vitamine und Mineralien. Ihre Inhaltsstoffe sorgen für eine bessere Fettverdauung und tun auch unserer Leber gut. Die Walnüsse sind die Toplieferanten für die lebenswichtigen Omega-3-Fettsäuren.

KASTEN-FALTBROT MIT PESTO alla calabrese

TEIG
ZUBEREITEN ca. 15 Minuten
RUHEN 3 Stunden
FALTBROT
ZUBEREITEN 20–25 Minuten
RUHEN 15 Minuten
BACKEN 30 Minuten

ERGIBT CA. 820 G HEFETEIG
500 g Weizenmehl Type 550
290 g leitungskaltes Wasser
6 g frische Hefe
10 g natives Olivenöl extra
5 g Zuckerrübensirup (alternativ Honig oder Zucker)
10 g Salz

ERGIBT 1 KASTEN-FALTBROT
1 rote Zwiebel
2 Knoblauchzehen
1 rote Paprika
60 g Parmesan
100 g Cashewkerne
100 g Ricotta
140 g Provolone
5 EL natives Olivenöl extra plus etwas mehr zum Einfetten
Salz
schwarzer Pfeffer aus der Mühle
1 TL getrockneter Oregano
½ TL Chiliflocken
ca. 820 g Hefeteig (siehe oben)
Weizenmehl Type 405 oder 550 zum Bemehlen
AUSSERDEM
Kastenform (30 cm Länge)

vegetarisch, frei von raffiniertem Zucker

DER TEIG ❶ Alle Zutaten in die Rührschüssel der Küchenmaschine geben und mit dem Knethaken erst bei langsamer Geschwindigkeit **8 Minuten,** dann auf mittlerer Stufe weitere **4–6 Minuten** zu einem glatten, festen Teig kneten. (Alternativ ca. 15 Minuten von Hand kneten.) ❷ Abdecken und den Teig beim **Raumtemperatur 3 Stunden** reifen lassen, dabei nach **30** und **60 Minuten** jeweils einmal dehnen und falten.

DAS FALTBROT ❸ Zwiebel und Knoblauch schälen und in grobe Stücke schneiden. Paprika waschen, entkernen und würfeln. Parmesan fein reiben und alles in einen Mixbecher geben. Cashewkerne und Ricotta hinzufügen und mit dem Stabmixer glatt pürieren. ❹ Provolone grob reiben, mit dem Olivenöl unter die Paprikamischung rühren und das Pesto alla calabrese mit Salz, Pfeffer, Oregano und Chiliflocken kräftig abschmecken. ❺ Die Kastenform einfetten. Hefeteig auf der leicht bemehlten Arbeitsfläche zu einem ca. 30 × 40 cm großen Rechteck ausrollen und mit dem Pesto bestreichen. ❻ Den Teig parallel zur langen Seite in 3 gleich breite Streifen schneiden, dann die Streifen jeweils in Falten legen und hochkant (mit den Schnittkanten nach oben) in die Kastenform geben. Abdecken und **15 Minuten** gehen lassen. ❼ Währenddessen den Backofen auf **200 °C** Ober-/Unterhitze vorheizen. ❽ Die Kastenform in den vorgeheizten Ofen (mittlere Schiene) geben und **30 Minuten** backen. ❾ Aus dem Ofen nehmen, kurz abkühlen lassen, dann das Kasten-Faltbrot aus der Form stürzen und auf einem Küchengitter auskühlen lassen.

Panuozzo

MIT SCHINKEN UND GERÖSTETER **KAROTTENCREME**

Rezept siehe Seite 126–127

Panuozzo
MIT SCHINKEN UND GERÖSTETER KAROTTENCREME

ERGIBT 4 TEIGKUGELN (À CA. 250 G)
560 g Weizenmehl Tipo 00 plus etwas mehr zum Bemehlen
420 g leitungskaltes Wasser
1,5 g frische Hefe
16 g Salz
Semola rimacinata (Hartweizenmehl) zum Bestreuen

AUSSERDEM
Teigwanne mit Deckel (alternativ große Schüssel oder großen Behälter verwenden)

FÜR 2 PERSONEN

GERÖSTETE KAROTTENCREME
200 g Karotten
2 Knoblauchzehen
1 Zwiebel
Salz
schwarzer Pfeffer aus der Mühle
2 EL natives Olivenöl extra
1 EL flüssiger Honig
Saft von 1 Zitrone

BELAG UND TEIG
½ kleiner Spitzkohl
Salz
30 g Sesamsaat
2 Frühlingszwiebeln
125 g Mozzarella (am besten Fior-di-Latte-Mozzarella)
2 Teigkugeln (à ca. 250 g, siehe oben)
8 Scheiben Parmaschinken
1 Handvoll Basilikumblätter zum Garnieren

frei von raffiniertem Zucker

DIE TEIGKUGELN ❶ Mehl und Wasser in der Rührschüssel der Küchenmaschine grob vermengen, abdecken und **60 Minuten** zur Autolyse stehen lassen. ❷ Die Hefe zugeben und mit dem Knethaken bei mittlerer Geschwindigkeit **15–30 Minuten** (je nach Mehl und Maschine) intensiv kneten. Dann das Salz hinzufügen und **3–5 Minuten** weiterkneten. In die (nicht geölte) Teigwanne geben, verschließen und den Teig erst **6 Stunden** bei **Raumtemperatur,** dann **18 Stunden** im **Kühlschrank** reifen lassen. ❸ Den Teig auf der leicht bemehlten Arbeitsfläche in 4 gleich große Stücke (à ca. 250 g) teilen, jeweils rundschleifen, in die leicht mit Semola ausgestreute Teigwanne geben, verschließen und weitere **6 Stunden** bei **Raumtemperatur** ruhen lassen.

TIPP Übrig gebliebene Teigkugeln in einer Gefrierbox einfrieren. Bei Bedarf aus dem Gefrierfach nehmen, im Kühlschrank ca. 6 Stunden auftauen lassen, dann 1–2 Stunden Raumtemperatur annehmen lassen und weiterverarbeiten.

DER BELAG ❹ Den Backofen auf **230 °C** Ober-/Unterhitze vorheizen. ❺ Für die geröstete Karottencreme Karotten, Knoblauch und Zwiebel schälen und in grobe Stücke schneiden. Auf ein mit Backpapier ausgelegtes Backblech geben, Salz, Pfeffer, Olivenöl und Honig darübergeben, vermischen und im vorgeheizten Ofen (mittlere Schiene) **30 Minuten** rösten. ❻ Währenddessen für den Belag Spitzkohl waschen, in feine Streifen schneiden, leicht salzen, kräftig durchkneten und beiseitestellen. ❼ Sesam in einer Pfanne ohne Fett goldbraun rösten. Inzwischen Frühlingszwiebeln putzen, waschen und in feine Ringe schneiden. Mozzarella würfeln. ❽ Das Blech aus dem Backofen nehmen, die Backofentemperatur auf **250 °C** erhöhen, die Karottenmischung in einen Mixbecher geben und mit dem Stabmixer fein pürieren. Mit Salz, Pfeffer und Zitronensaft

TEIGKUGELN
ZUBEREITEN 25–40 Minuten
RUHEN 31 Stunden
BELAG
ZUBEREITEN 25 Minuten
BACKEN 5–6 Minuten

abschmecken, die Hälfte vom Sesam unterrühren. **9** Die Teigkugeln mit den Fingern von der Mitte zum Rand hin zu 2 dünnen Pizzaböden ohne Rand formen, locker mittig zusammenklappen, auf ein mit Backpapier ausgelegtes Backblech geben und im Ofen (mittlere Schiene) **3–4 Minuten** backen. **10** Herausnehmen (Ofen nicht ausschalten), die Teigböden leicht aufklappen, die geröstete Karottencreme darin verteilen, mit Spitzkohl, Parmaschinken und Mozzarella füllen, zuklappen, wieder in den Backofen geben und **2 Minuten** backen, bis der Käse zu schmelzen beginnt. **11** Herausnehmen, die Panuozzi mit Frühlingszwiebeln, Basilikum und restlichem Sesam toppen und servieren.

TIPP Du kannst natürlich ganz normalen Mozzarella nehmen, aber Fior-di-Latte-Mozzarella („Blume der Milch") ist immer vorzuziehen. Er ist fester als der gewöhnliche, in Salzlake eingelegte Mozzarella und wässert vor allem nicht, was ihn zu einem idealen Belag im Panuozzo (oder auf einer Pizza) macht.

Panuozzo ist im Prinzip nichts anderes als gebackener Pizzateig. War etwas übrig geblieben, rollte man den verbliebenen Teig aus, buk, füllte und klappte ihn um. Das perfekte Resteessen! In diesem Rezept trifft die Tradition mit dem Parmaschinken und dem Mozzarella auf die Moderne mit der gerösteten Karotte und dem Spitzkohl.

SÜSSES Brot

Butterhörnchen-BAKLAVA MIT PISTAZIENMARZIPAN

Rezept siehe Seite 132–133

Hot-Cross-Buns

MIT HONIG, ZIMT **UND ROSINEN**

TEIG
ZUBEREITEN 20 Minuten
RUHEN 2 Stunden 45 Minuten
BUNS
ZUBEREITEN 15 Minuten
RUHEN 2 Stunden
BACKEN 25 Minuten

ERGIBT CA. 1530 G HEFETEIG

KOCHSTÜCK
25 g Weizenmehl Type 550
125 g leitungskaltes Wasser

HAUPTTEIG
675 g Weizenmehl Type 550
plus etwas mehr zum Bemehlen
250 g Milch (3,5 % Fett)
25 g frische Hefe
100 g Butter
70 g Zucker
1 Ei (Größe M)
1 TL gemahlener Zimt
10 g Salz
200 g Rosinen

ERGIBT 12 BUNS
ca. 1530 g Hefeteig (siehe oben)
40 g Puderzucker
150 g Weizenmehl Type 550
120 ml leitungskaltes Wasser
150 g Honig

AUSSERDEM
Spritzbeutel mit kleiner Lochtülle

vegetarisch

DER TEIG ❶ Für das Kochstück Mehl und Wasser in einem Topf klümpchenfrei verrühren und unter ständigem Rühren aufkochen. Dann in eine Schüssel geben, abdecken und **2 Stunden** im **Kühlschrank** ruhen lassen. ❷ Für den Hauptteig Mehl, Milch, Hefe, Butter, Zucker, Ei, Zimt und Salz zusammen mit dem Kochstück in die Rührschüssel der Küchenmaschine geben und mit dem Knethaken bei mittlerer Geschwindigkeit **10 Minuten** kneten. Dann die Rosinen einarbeiten. (Alternativ ca. 15 Minuten von Hand kneten.) Abdecken und den Teig bei **Raumtemperatur 45 Minuten** ruhen lassen.

DIE BUNS ❸ Den Teig auf eine leicht bemehlte Arbeitsfläche geben, in 12 gleich große Stücke (à ca. 125 g) teilen und zu Kugeln formen. Mit etwas Abstand auf ein mit Backpapier ausgelegtes Backblech geben, abdecken und bei **Raumtemperatur 2 Stunden** ruhen lassen. ❹ Den Backofen auf **210 °C** Ober-/Unterhitze vorheizen. ❺ Puderzucker, Mehl und Wasser in einer Schüssel klümpchenfrei verrühren, in den Spritzbeutel mit kleiner Lochtülle füllen und Kreuze auf die Teiglinge spritzen. Das Blech in den vorgeheizten Ofen geben, die Temperatur auf **190 °C** reduzieren und **25 Minuten** backen. ❻ Gegen Ende der Backzeit den Honig in einem Topf aufkochen. Das Blech aus dem Ofen nehmen, die heißen Buns mit dem Honig bestreichen und auf einem Küchengitter abkühlen lassen.

Karamellisiertes SAUERTEIGBROT MIT VANILLEEIS UND BEEREN

Rezept siehe Seite 138–139

Karamellisiertes SAUERTEIGBROT MIT VANILLEEIS UND BEEREN

ERGIBT
1 WEIZENSAUERTEIGBROT

SAUERTEIG
30 g sehr aktives Anstellgut (siehe S. 12–13)
30 g Weizenmehl Type 1050
30 g Wasser (35 °C)

HAUPTTEIG
350 g Weizenmehl Type 80 oder Type 1050
50 g Semola rimacinata (Hartweizenmehl) plus etwas mehr zum Bemehlen
260 g leitungskaltes Wasser
9 g Salz

AUSSERDEM
Gärkörbchen
gusseiserner Topf mit Deckel (siehe auch Tipp)

FÜR 2 PERSONEN
3 TL brauner Zucker
4 Scheiben Weizensauerteigbrot (siehe oben)
30 g Butter
125 g Blaubeeren
40 g Rauchmandeln
4 EL zimmerwarme Nuss-Nugat-Creme
4 Kugeln Vanilleeiscreme
2 EL Karamellsauce (Fertigprodukt, nach Belieben)

vegetarisch

DAS BROT ❶ Für den Sauerteig Anstellgut (es muss sehr aktiv sein, gegebenenfalls 2–3-mal auffrischen), Mehl und Wasser in einer großen Schüssel mit einem Kochlöffel gut verrühren, abdecken und bei **28–29 °C** (siehe Tipp) **4 Stunden** reifen lassen (alternativ ca. 5 Stunden bei Raumtemperatur reifen lassen). ❷ Für den Hauptteig alle Zutaten zusammen mit dem Sauerteig in einen Behälter oder eine Schüssel mit Deckel geben, verschließen und durch Schütteln gut vermischen. Abgedeckt bei **Raumtemperatur 6 Stunden** reifen lassen, bis sich das Teigvolumen verdoppelt hat, dabei nach **30, 50** und **70 Minuten** jeweils einmal dehnen und falten. ❸ Den Teig rundwirken, mit Schluss nach oben in das mit Semola bemehlte Gärkörbchen geben und **10–14 Stunden** oder **über Nacht** im **Kühlschrank (5–6 °C)** ruhen lassen. ❹ Den Backofen auf **225 °C** Ober-/Unterhitze vorheizen, dabei den gusseisernen Topf mit in den Ofen (etwas unter der mittleren Schiene) stellen. ❺ Den Teigling in den heißen Topf geben, den Deckel aufsetzen und **45 Minuten** backen, dabei nach **15 Minuten** den Deckel abnehmen, auf **230 °C** Ober-/Unterhitze stellen und fertig backen. ❻ Aus dem Ofen nehmen und das Weizensauerteigbrot auf einem Küchengitter abkühlen lassen.

TIPP Die Backofenlampe einschalten, so entwickelt sich eine leichte Wärme von 28–29 °C. Die Schüssel in den warmen Ofen stellen und den Teig gehen lassen.
Falls du keinen gusseisernen Topf hast, alternativ den Teigling auf ein Backblech stürzen und mit Dampf backen, dabei auf der obersten Schiene ein Backblech als Hitzeschild platzieren und nach ca. 15 Minuten den Dampf ablassen. Du kannst den Laib dann natürlich auch länglich formen.

BROT
ZUBEREITEN 15 Minuten
RUHEN 20–24 Stunden
BACKEN 45 Minuten
BELAG
ZUBEREITEN 20 Minuten

DER BELAG ❼ Den Zucker in eine Pfanne streuen und bei niedriger Hitze langsam karamellisieren lassen. ❽ Die Brotscheiben jeweils von einer Seite mit Butter bestreichen, portionsweise mit der Butterseite für knapp 1 Minute in den karamellisierten Zucker geben, herausnehmen, wenden und auf einem Küchengitter **5 Minuten** abkühlen lassen. ❾ Inzwischen die Blaubeeren abspülen und abtropfen lassen. Die Rauchmandeln grob hacken. ❿ Je 2 Brotscheiben auf der Karamellseite mit der Nuss-Nugat-Creme bestreichen, je 2 Kugeln Vanilleeis daraufgeben und mit Blaubeeren und grob gehackten Rauchmandeln bestreuen. ⓫ Die beiden anderen Brotscheiben mit der Karamellseite nach oben auflegen, leicht zusammendrücken, auf zwei Teller geben und nach Belieben mit Karamellsauce garniert genießen.

Der Japaner nimmt sein Eis einfach auch mal auf ein weiches Toastbrot, vielleicht noch rosa eingefärbt, klappt es zu – und go! In Istanbul liebt man sein Eis in der Brioche. Ein Weizensauerteigbrot kann also genauso gut den hierzulande bekannten Eisbecher oder die Waffel ersetzen! Diese Kombination ist unerwartet und megaspannend.

Croissants

MIT VANILLE-HIMBEER-CREME UND
BAISERTUPFEN

CROISSANTS
ZUBEREITEN 35 Minuten
RUHEN 5–9 Stunden
KÜHLEN 50 Minuten
BACKEN 14–16 Minuten
BELAG
ZUBEREITEN 15 Minuten
ABKÜHLEN 15 Minuten

ERGIBT 8 CROISSANTS
TEIG
400 g Weizenmehl Type 550
150 g Milch (3,5 % Fett)
50 g leitungskaltes Wasser
12 g frische Hefe
40 g Ei (1 sehr kleines Ei, Größe S)
25 g Butter
30 g Zucker
7 g Salz
BUTTERPLATTE
200 g Butter

FÜR 2 PERSONEN
VANILLE-HIMBEER-CREME
½ Pck. Vanillepuddingpulver (ca. 18 g)
250 ml Milch (3,5 % Fett)
50 g Zucker
1 EL Himbeerkonfitüre
TOPPING UND CROISSANTS
80 g weiße Schokolade
2 Croissants (siehe oben)
1 EL Krokant (Fertigprodukt, nach Gusto)
2 Kugeln Kokoskonfekt (Fertigprodukt, z. B. Raffaello)
4–6 Himbeeren
BAISER
2 Eiweiß (Größe M)
1 Prise Salz
30 g Zucker
AUSSERDEM
Spritzbeutel mit Sterntülle
Flambierbrenner (Küchenbunsenbrenner)

vegetarisch

DER TEIG ❶ Für den Teig alle Zutaten in die Rührschüssel der Küchenmaschine geben und mit dem Knethaken bei mittlerer Geschwindigkeit **3–4 Minuten** grob verkneten. (Alternativ 4–5 Minuten von Hand kneten.) Abdecken, direkt in den **Kühlschrank** geben und **2–6 Stunden** reifen lassen. ❷ Für die Butterplatte die Butter zwischen 2 Lagen Backpapier geben und zu einer 4–6 mm dicken Platte rollen. In das Papier einschlagen und **30 Minuten** kalt stellen. ❸ Den Teig auf die doppelte Größe der Butterplatte ausrollen, die Butter auf eine Teighälfte legen, die andere Hälfte darüberschlagen und schonend auf eine Größe von ca. 30 × 60 cm ausrollen. Dann von den kurzen Kanten aus jeweils in Dritteln zur Mitte falten, wieder auf das gleiche Maß ausrollen und noch mal falten. Abdecken, **20 Minuten** im **Kühlschrank** ruhen lassen, dann wieder ausrollen, ein drittes Mal falten und erneut ausrollen. Aus dem Teig 8 spitzwinklige (lange schmale) Dreiecke ausschneiden, zu den Spitzen hin straff aufrollen und etwas halbmondförmig biegen. Auf ein mit Backpapier ausgelegtes Backblech legen, abdecken und bei **Raumtemperatur 3 Stunden** gehen lassen. ❹ Den Backofen auf **210 °C** Umluft vorheizen. ❺ Das Blech in den vorgeheizten Ofen (mittlere Schiene) schieben und **14–16 Minuten** backen. ❻ Herausnehmen und die Croissants auf einem Küchengitter abkühlen lassen.

DER BELAG ❼ Für die Vanille-Himbeer-Creme das Puddingpulver nach Packungsangaben mit Milch und Zucker zubereiten. Die Himbeerkonfitüre einrühren, in eine Schüssel geben und abgedeckt **15 Minuten** erkalten lassen. ❽ Inzwischen für das Topping die Schokolade klein hacken, in eine Schüssel geben, auf ein heißes Wasserbad setzen und schmelzen. ❾ Für das Baiser Eiweiß mit Salz und Zucker mit den Quirlen des Handrührgeräts steif schlagen. ❿ Die Croissants aufschneiden und mit der Vanille-Himbeer-Creme füllen. Die flüssige weiße Schokolade in üppigen Streifen über beide Croissants träufeln. ⓫ Den Eischnee in den Spritzbeutel mit Sterntülle geben, kleine Baiserhäubchen auf die Croissants spritzen und diese mit dem Flambierbrenner kurz abflämmen. ⓬ Dann mit Krokant, je einer Kokoskonfekt-Kugel und 2–3 Himbeeren toppen und servieren.

Milchbrötchen MIT SCHOKOLADE UND KANDIERTER MANDARINE

MILCHBRÖTCHEN
ZUBEREITEN 20–25 Minuten
RUHEN 2,5 Stunden
BACKEN 15–20 Minuten
BELAG
ZUBEREITEN 15 Minuten

ERGIBT 8 MILCHBRÖTCHEN

HEFESTÜCK
140 g Weizenmehl Type 550
140 g Milch (3,5 % Fett)
14 g frische Hefe

HAUPTTEIG
140 g Weizenmehl Type 550
plus etwas mehr zum Bestäuben
15 g Milch (3,5 % Fett)
3 g Backmalz (aktiv)
5 g Salz
40 g Zucker
15 g Butter

ZUM BESTREICHEN
30–40 g Milch (3,5 % Fett)

FÜR 2 PERSONEN
100 g Bitterschokolade
(70 % Kakaogehalt)
2 Milchbrötchen (siehe oben)
2 kandierte Mandarinenscheiben
4 Schoko-Zitronen-Stäbchen
(Fertigprodukt)

vegetarisch

DIE BRÖTCHEN ❶ Für das Hefestück Mehl, Milch und Hefe in einer Schüssel verrühren, abdecken und bei **Raumtemperatur 60 Minuten** reifen lassen. Das Teigvolumen sollte sich dabei mindestens verdreifachen. ❷ Für den Hauptteig Mehl, Milch, Backmalz und Salz zusammen mit dem Hefestück in die Rührschüssel der Küchenmaschine geben und mit dem Knethaken bei niedrigster Geschwindigkeit **5 Minuten** glatt kneten. Zucker und Butter hinzufügen und bei mittlerer Geschwindigkeit weitere **5 Minuten** zu einem glatten, homogenen Teig verarbeiten, der nicht klebt. (Alternativ ca. 15 Minuten von Hand kneten.) Abdecken und den Teig **30 Minuten** bei **Raumtemperatur** gehen lassen. ❸ Den Teig auf der leicht bemehlten Arbeitsfläche in 8 gleich große Stücke (à ca. 60 g) teilen und rundschleifen. Die Teigkugeln mit etwas Abstand auf ein mit Backpapier ausgelegtes Backblech setzen, abdecken und **60 Minuten** bei **Raumtemperatur** gehen lassen, dabei 2–3-mal mit insgesamt 25–30 g Milch bestreichen. ❹ Den Backofen auf **230 °C** Ober-/Unterhitze vorheizen. ❺ Das Blech in den vorgeheizten Ofen (mittlere Schiene) geben, die Temperatur auf **210 °C** regeln und mit Dampf **15–20 Minuten** backen. ❻ Herausnehmen, die Milchbrötchen noch heiß mit der restlichen Milch bestreichen und auf einem Küchengitter abkühlen lassen.

DER BELAG ❼ Die Schokolade in kleine Stücke brechen, in eine Schüssel geben, auf ein heißes Wasserbad setzen und schmelzen. ❽ Die Oberfläche der Milchbrötchen je zur Hälfte in die Schokolade tauchen und auf ein Küchengitter geben. Auf den Schokoladenseiten mit kandierten Orangenscheiben und Schoko-Zitronen-Stäbchen garnieren. Die Schokolade erkalten lassen und die Milchbrötchen genießen.

Zimtschnecken-
KUCHEN MIT HASELNUSSCREME
UND MANGO

KUCHEN
ZUBEREITEN 30 Minuten
ABKÜHLEN ca. 30 Minuten
RUHEN 3 Stunden 45 Minuten bis 4 Stunden
BACKEN 30 Minuten
BELAG
ZUBEREITEN 10–15 Minuten

ERGIBT
1 ZIMTSCHNECKENKUCHEN

MEHLKOCHSTÜCK
100 g Milch (3,5 % Fett)
25 g Weizenmehl Type 550

HAUPTTEIG
450 g Weizenmehl Type 550 plus etwas mehr zum Bemehlen
50 g Dinkelmehl Type 630
250 g Milch (3,5 % Fett)
5 g frische Hefe
30 g Zucker
9 g Salz
60 g weiche Butter

FÜLLUNG
160 g weiche Butter plus etwas mehr zum Einfetten
1 EL gemahlener Zimt
70 g brauner Zucker

AUSSERDEM
Springform (26 cm Ø)

ERGIBT 12 STÜCKE
1 reife Mango
200 g Doppelrahm-Frischkäse
50 g zimmerwarme Butter
50 g Zucker
2 EL Haselnussmus
1 Zimtschneckenkuchen (siehe oben)

vegetarisch

DER KUCHEN ❶ Für das Mehlkochstück Milch und Mehl in einem Topf klümpchenfrei verrühren, unter Rühren erhitzen, bis eine dickliche, puddingähnliche Masse entsteht. Vom Herd nehmen, abdecken und **ca. 30 Minuten** abkühlen lassen. ❷ Für den Hauptteig beide Mehle, 220 g Milch, Hefe, Zucker und Salz zusammen mit dem Mehlkochstück in die Rührschüssel der Küchenmaschine geben und mit dem Knethaken bei mittlerer Geschwindigkeit **10 Minuten** kneten, dabei bei Bedarf die restliche Milch hinzufügen. Dann die Butter dazugeben und weitere **3–5 Minuten** fertig kneten. (Alternativ 15–18 Minuten von Hand kneten.) Abdecken und den Teig **3 Stunden** bei **Raumtemperatur** ruhen lassen. ❸ Für die Füllung die Butter mit Zimt und Zucker verrühren. Den Teig auf der leicht bemehlten Arbeitsfläche zu einem ca. 60 × 30 cm großen Rechteck ausrollen, mit der Buttermasse bestreichen und parallel zur kurzen Teigkante in ca. 4 cm breite Streifen schneiden (ergibt ca. 15 Streifen). ❹ Die Springform einfetten. Einen Teigstreifen aufrollen, mit der „Schneckenseite" in die Mitte der Form setzen und alle weiteren Teigstreifen Stück für Stück an der Kante des letzten Streifens ansetzend herumwickeln, bis fast der Rand der Springform erreicht ist. Abdecken und bei **Raumtemperatur 45–60 Minuten** (alternativ 8–18 Stunden im Kühlschrank) ruhen lassen. ❺ Den Backofen auf **200 °C** Ober-/Unterhitze vorheizen. ❻ Die Springform in den vorgeheizten Ofen (mittlere Schiene) geben und **30 Minuten** backen. ❼ Aus dem Ofen nehmen, den Zimtschneckenkuchen abkühlen lassen und aus der Form lösen.

DER BELAG ❽ Die Mango schälen, das Fruchtfleisch vom Stein schneiden und klein würfeln. ❾ Frischkäse, Butter, Zucker und Haselnussmus in eine Schüssel geben und mit den Quirlen des Handrührgeräts glatt rühren. Die Haselnusscreme auf die Kuchenmitte streichen und mit Mangowürfeln garniert servieren.

Pain au chocolat
BANOFFEE-STYLE MIT SALZKARAMELLSAUCE

Rezept siehe Seite 148–149

Süßes Zupfbrot MIT APFEL-RHABARBER-MUS UND ROSINEN

TEIG
ZUBEREITEN ca. 15 Minuten
RUHEN 3 Stunden
ZUPFBROT
ZUBEREITEN 35 Minuten
GARZEIT 10 Minuten
plus Abkühlzeit
RUHEN 15 Minuten
BACKEN 40 Minuten

ERGIBT CA. 500 G HEFETEIG
300 g Weizenmehl Type 550
175 g leitungskaltes Wasser
3,6 g frische Hefe
3 g Zuckerrübensirup (alternativ Honig oder Zucker)
6 g Butter
6 g Salz

ERGIBT 1 SÜSSES ZUPFBROT (12 STÜCKE)
FÜLLUNG UND TEIG
500 g säuerliche Äpfel (z. B. Boskop)
200 g Rhabarber
80 g Zucker
100 ml Weißwein (alternativ Apfelsaft)
50 g Rosinen
ca. 500 g Hefeteig (siehe oben)
Weizenmehl Type 405 oder 550 zum Bemehlen
EISTREICHE UND DEKO
1 Eigelb (Größe M)
2 EL Milch (3,5 % Fett)
2 EL brauner Zucker
20 g Puderzucker

vegetarisch

DER TEIG ❶ Mehl, Wasser, Hefe, Zuckerrübensirup, Butter und Salz in die Rührschüssel der Küchenmaschine geben und mit dem Knethaken bei langsamer Geschwindigkeit **8 Minuten** kneten. Dann bei mittlerer Stufe weitere **4–6 Minuten** zu einem glatten, festen Teig kneten. (Alternativ ca. 15 Minuten von Hand kneten.) ❷ Abdecken und den Teig **3 Stunden** bei **Raumtemperatur** reifen lassen, dabei nach **30** und **60 Minuten** jeweils einmal dehnen und falten.

DAS ZUPFBROT ❸ Für die Füllung Äpfel schälen, vierteln, entkernen und klein würfeln. Rhabarber waschen und in dünne Scheiben schneiden. Beides in einen Topf geben, Zucker und Weißwein hinzufügen und **10 Minuten** köcheln lassen. Vom Herd nehmen und mit dem Stabmixer nicht zu fein pürieren. Rosinen unterrühren und abkühlen lassen. ❹ Den Hefeteig auf der leicht bemehlten Arbeitsfläche zu einem ca. 30 × 40 cm großen Rechteck ausrollen. Mit dem Apfel-Rhabarber-Mus bestreichen, von der langen Seite her stramm aufrollen und in zwölf gleich dicke Scheiben schneiden. ❺ Die Scheiben mit den Schnittflächen ährenförmig auf ein mit Backpapier ausgelegtes Backblech geben, abdecken und bei **Raumtemperatur 15 Minuten** gehen lassen. ❻ Währenddessen den Backofen auf **200 °C** Ober-/Unterhitze vorheizen. ❼ Für die Eistreiche Eigelb und Milch verquirlen und die Teiglinge damit bestreichen. Mit Zucker bestreuen, in den vorgeheizten Ofen (mittlere Schiene) geben und **40 Minuten** backen. ❽ Herausnehmen, abkühlen lassen, dann mit Puderzucker bestreuen und servieren. Jeder zupft sich sein Stück von der „Ähre" ab.

Belgische Waffeln

NEW-YORK-STYLE MIT MARACUJA

TEIG
ZUBEREITEN ca. 5 Minuten
BELAG
ZUBEREITEN 5 Minuten
BACKEN 6–10 Minuten

ERGIBT CA. 590 G WAFFELTEIG
80 g zimmerwarme Butter
80 g Zucker
2 Eier (Größe M)
160 g Weizenmehl Type 405
Salz
½ TL Backpulver
4–5 EL Milch (3,5 % Fett)
100 g Chocolate Chip Cookies

FÜR 2 PERSONEN
FRISCHKÄSE-FROSTING UND TEIG
200 g Doppelrahm-Frischkäse
100 g Quark (20 % Fett)
50 g Zucker
1 Pck. Vanillezucker
Saft von 1 Zitrone
30 g Butter zum Einfetten
ca. 590 g Waffelteig (siehe oben)
TOPPING
3 Maracujas (Passionsfrüchte)
1 TL flüssiger Honig
AUSSERDEM
Belgisches Waffeleisen (alternativ gewöhnliches Waffeleisen verwenden)

vegetarisch

DER TEIG ❶ Butter und Zucker in eine Schüssel geben und mit den Quirlen des Handrührgeräts schaumig schlagen. Eier nacheinander einrühren. Mehl, Salz, Backpulver und Milch dazugeben und zu einem glatten Teig verarbeiten. Die Chocolate Chip Cookies grob zerbröseln und unter den Teig heben.

DER BELAG ❷ Für das Frischkäse-Frosting Frischkäse mit Quark, Zucker, Vanillezucker und Zitronensaft in einer Schüssel verrühren. ❸ Die Platten des Waffeleisens gut mit Butter einfetten und nacheinander zwei Waffeln backen (je nach Gerät pro Waffel **3–5 Minuten).** ❹ Inzwischen für das Topping die Maracujas halbieren, das Fruchtfleisch mit einem Löffel herausschaben, in eine Schüssel geben und den Honig einrühren. ❺ Die Waffeln mit der Frischkäsecreme toppen und mit Maracuja garniert frisch servieren.

Wusstet ihr, dass belgische Waffeln nicht gleich belgische Waffeln sind? Tatsächlich gibt es in unserem Nachbarland zwei gegensätzliche Denkschulen zu dieser köstlichen Nascherei: Brüssel und Lüttich konkurrieren um die Deutungshoheit im Waffelland. Die Brüsseler Version kommt mit einem Rührteig daher, während die Lütticher auf Hefeteig schwören. So oder so sind die Waffeln immer ein Genuss – herrlich fluffig, trotzdem knusprig – und mit verschiedensten Toppings versehen!

Croissants
MIT MANDEL-SAHNE-CREME

CROISSANTS
ZUBEREITEN 35 Minuten
RUHEN 5–9 Stunden
KÜHLEN 50 Minuten
BACKEN 14–16 Minuten
BELAG
ZUBEREITEN 15 Minuten

ERGIBT 8 CROISSANTS
TEIG
400 g Weizenmehl Type 550
150 g Milch (3,5 % Fett)
50 g leitungskaltes Wasser
12 g frische Hefe
40 g Ei (1 sehr kleines Ei, Größe S)
25 g Butter
30 g Zucker
7 g Salz
BUTTERPLATTE
200 g Butter

FÜR 2 PERSONEN
200 g Sahne
30 g Zucker
50 g Mandelmus
50 g Mandelblättchen
2 Croissants (siehe oben)
5–6 mit Schokolade überzogene kleine Kekse oder Waffeln
20 g Puderzucker
50 g Karamellsauce (Fertigprodukt)
AUSSERDEM
Spritzbeutel mit Sterntülle

vegetarisch

DER TEIG ❶ Für den Teig alle Zutaten in die Rührschüssel der Küchenmaschine geben und mit dem Knethaken bei mittlerer Geschwindigkeit **3–4 Minuten** grob verkneten. (Alternativ 4–5 Minuten von Hand kneten.) Abdecken, direkt in den **Kühlschrank** geben und **2–6 Stunden** reifen lassen. ❷ Für die Butterplatte die Butter zwischen 2 Lagen Backpapier geben und zu einer 4–6 mm dicken Platte rollen. In das Papier einschlagen und **30 Minuten** kalt stellen. ❸ Den Teig auf die doppelte Größe der Butterplatte ausrollen, die Butter auf eine Teighälfte legen, die andere Hälfte darüberschlagen und schonend auf eine Größe von ca. 30 × 60 cm ausrollen. Dann von den kurzen Kanten aus jeweils in Dritteln zur Mitte falten, wieder auf das gleiche Maß ausrollen und noch mal falten. Abdecken, **20 Minuten** im **Kühlschrank** ruhen lassen, dann wieder ausrollen, ein drittes Mal falten und erneut ausrollen. Aus dem Teig 8 spitzwinklige (lange schmale) Dreiecke ausschneiden, zu den Spitzen hin straff aufrollen und etwas halbmondförmig biegen. Auf ein mit Backpapier ausgelegtes Backblech legen, abdecken und bei **Raumtemperatur 3 Stunden** gehen lassen. ❹ Den Backofen auf **210 °C** Umluft vorheizen. ❺ Das Blech in den vorgeheizten Ofen (mittlere Schiene) schieben und **14–16 Minuten** backen. ❻ Herausnehmen und die Croissants auf einem Küchengitter abkühlen lassen.

DER BELAG ❼ Sahne mit Zucker steif schlagen, das Mandelmus unterrühren, dann die Creme in den Spritzbeutel mit Sterntülle füllen und bis zur Verwendung im **Kühlschrank** kalt stellen. ❽ Inzwischen die Mandelblättchen in einer Pfanne ohne Fett goldbraun rösten. ❾ Die Croissants aufschneiden, drei Viertel der Mandel-Sahne-Creme auf die unteren Hälften spritzen. Die oberen Hälften auflegen. ❿ Die restliche Mandel-Sahne-Creme in Tupfen auf die Croissants spritzen, die Kekse halbieren, dekorativ daraufsetzen, mit gerösteten Mandelblättchen und Puderzucker bestreuen und mit der Karamellsauce garniert servieren.

REICHE Brioche-Ritter MIT BIRNE, MANDELN UND ZIMT

BRIOCHEZOPF
ZUBEREITEN 25 Minuten
RUHEN 6–8 Stunden
BACKEN 25–30 Minuten
BELAG
ZUBEREITEN 15 Minuten

ERGIBT 1 BRIOCHEZOPF
TEIG
470 g Weizenmehl Type 550 plus etwas mehr zum Bemehlen
125 g leitungskaltes Wasser
10 g frische Hefe
2 Eier (Größe M, insg. 110 g)
20 g Joghurt Natur
40 g Zucker
90 g kalte Butter
9 g Salz
½ TL fein abgeriebene Biozitronenschale
EISTREICHE
2 Eigelb (Größe M)
1 Prise Salz
AUSSERDEM
Kastenform (ca. 30 cm Länge)

FÜR 2 PERSONEN
30 g Mandelstifte
250 ml ungesüßte Mandelmilch
1 Ei (Größe M)
80 g Zucker
1 Birne
4 Scheiben Briochezopf, 1–2 Tage alt (siehe oben)
50 g Butter
1 TL gemahlener Zimt

vegetarisch

DER ZOPF ❶ Für den Teig alle Zutaten in die Rührschüssel der Küchenmaschine geben und mit dem Knethaken bei langsamer Geschwindigkeit **8 Minuten** glatt kneten. Auf schnelle Stufe stellen und weitere **5 Minuten** kneten. (Alternativ ca. 15 Minuten von Hand kneten.) Abdecken und bei **Raumtemperatur 60 Minuten** reifen lassen. ❷ Den Teig auf der leicht bemehlten Arbeitsfläche in 3 gleich große Stücke (à ca. 250 g) teilen, diese jeweils langwirken, zu langen Strängen ausrollen und zu einem Zopf flechten. Den Teigzopf in die mit Backpapier ausgelegte Kastenform legen, abdecken (z. B. mit Frischhaltefolie) und im **Kühlschrank 4–6 Stunden** reifen lassen. ❸ Die Form aus dem Kühlschrank nehmen und den Teigling **60 Minuten** Temperatur annehmen lassen. ❹ Den Backofen auf **180 °C** Ober-/Unterhitze vorheizen. ❺ Für die Eistreiche Eigelb und Salz verrühren und den Teigling mit etwa der Hälfte davon bestreichen. Kurz antrocknen lassen, mit der restlichen Eistreiche bepinseln, in den vorgeheizten Ofen (mittlere Schiene) geben und **25–30 Minuten** goldbraun backen. ❻ Herausnehmen, kurz abkühlen lassen, dann den Zopf aus der Form heben und auf einem Küchengitter erkalten lassen.

DER BELAG ❼ Mandelstifte in einer Pfanne ohne Fett rösten. ❽ In einem tiefen Teller Mandelmilch mit Ei und 30 g Zucker verrühren. ❾ Die Birne schälen, halbieren, entkernen und in dünne Spalten hobeln. Dann auf 2 Briochescheiben verteilen, die Mandelstifte darüberstreuen und mit je 1 Briochescheibe abdecken. ❿ Die Butter in derselben Pfanne zerlassen. Die Brioche-Sandwiches von beiden Seiten in die Eiermilch tauchen, in die Pfanne geben und von beiden Seiten je **3–4 Minuten** goldbraun braten. ⓫ Den restlichen Zucker mit dem Zimt vermischen, über die fertigen Reichen Ritter streuen und heiß servieren.

GLOSSAR

ALTBROT/RESTBROT Mischung aus altem Brot und Wasser. Streng genommen eigentlich auch eine Art Vorteig. In jedem Fall eine geschmackliche Bereicherung für viele Brotrezepte – und nebenbei eine gute Gelegenheit, der Lebensmittelverschwendung entgegenzuwirken (siehe auch S. 17).

ANSTELLGUT Das Anstellgut ist der Sauerteig-Starter, der in einem Schraubglas im Kühlschrank aufbewahrt wird. Es ist ein Teil des aktiven Sauerteigs, der nach der Teigherstellung übrig bleibt. Er enthält weder Salz noch Hefezusätze. Dieser kleine Rest wird regelmäßig mit Mehl und Wasser gefüttert, danach lässt man ihn gehen, bis er sich etwa verdoppelt hat, dadurch hält man ihn am Leben. Aus dem Anstellgut wird vor dem Backen neuer Sauerteig angesetzt, bevor Salz oder Hefe dazukommt. Dann wieder ins Glas und ab in den Kühlschrank damit (siehe auch S. 12–13).

AUTOLYSE/AUTOLYSETEIG Teigvorstufe aus Mehl und Wasser. Die Mischung, die kein Triebmittel enthält, lässt man dann abgedeckt für eine bestimmte Zeit ruhen. Dieser Prozess wird als Autolyse bezeichnet. Da auf diese Weise Proteine und Stärke quellen können, entwickelt sich ein Glutengerüst, das bewirkt, dass der Teig später weniger lang geknetet werden muss (siehe auch S. 10).

BRÜHSTÜCK Härtere Zutaten wie Saaten, Schrot, Nüsse und Trockenfrüchte werden vor dem Backen mit kochendem Wasser übergossen und ziehen dann einige Stunden darin. Der Quellvorgang lässt die harten Zutaten weicher und bekömmlicher werden und erhöht den Wasseranteil im Endprodukt (siehe auch S. 11).

DAMPF ABLASSEN Den Dampf lässt man ab, indem man die Ofentür einmal vollständig öffnet und sicherstellt, dass sich in der Dampfschale keine Wasserreste mehr befinden. Diese im Zweifelsfall am besten einfach aus dem Ofen nehmen.

Mit **DAMPF BACKEN** Für das Bedampfen des Backofens die Dampfgarfunktion hinzuschalten oder eine Metallschale mit in den Backofen stellen, die zusammen mit dem Ofen vorgeheizt wird. Sobald der Teigling dann im Ofen ist, eine Tasse Wasser in die heiße Schale schütten. Das Wasser verdampft schlagartig und erzeugt so die nötige Feuchtigkeit.

DEHNEN UND FALTEN Eine wichtige Technik bei der Herstellung von Brotteigen, die leicht zu bewerkstelligen ist. Den Teig auf einer leicht bemehlten Arbeitsfläche zu einem Quadrat, Rechteck oder auch Kreis ausziehen (dehnen). Dann von allen Seiten über die Mitte hinaus bis zum gegenüberliegenden Rand überlappend einschlagen und übereinanderfalten (wie bei einem Handtuch). Anschließend den Teig erneut rund formen, die untere Seite nach oben drehen und zum Entspannen abgedeckt beiseitestellen (siehe auch S. 15).

EISTREICHE Meist mit Milch, Sahne oder Wasser verquirltes Ei oder Eigelb zum Benetzen von Teiglingen vor dem Backen, damit die Backwaren einen schönen Glanz erhalten.

FENSTERTEST Testverfahren, um zu erkennen, ob ein Teig die richtige Konsistenz hat. Einen kleinen Teil mit den Fingern auseinanderziehen, bis er so dünn ist, dass Licht hindurchfällt. Zeigt die Probe dabei keine Risse, sondern ist elastisch, so ist der Teig fertig.

GÄRKÖRBCHEN Das Gärkörbchen kann aus verschiedenen Materialien bestehen und dient als Gefäß, um den fertig gekneteten Teig reifen zu lassen.

HEFESTÜCK Vorteig für einen Hefeteig. Es handelt sich um ein Gemisch aus Mehl, Hefe, Wasser oder Milch und Zucker oder Malz und dient dazu, die Hefezellen zu vermehren, bevor dem Teig gärhemmende Zutaten beigemischt werden (siehe auch S. 11).

KRUME Als Krume wird das weiche feuchte Innere eines Brots oder Brötchens bezeichnet.

KRUSTE Die Kruste ist die harte, oft knusprige Hülle eines Brots oder Brötchens.

LANGWIRKEN Eine Technik beim Brotbacken, bei der der runde Teigling zu einer länglichen Form gerollt wird. Dabei wird der Teig flach gedrückt, die Ränder werden nach innen geschlagen. Dann wird der Teig zu einem Zylinder geformt, den man anschließend in die gewünschte Länge zieht, um ein längliches Brot wie ein Baguette zu erhalten (siehe auch S. 15–16).

MEHLKOCHSTÜCK/KOCHSTÜCK Vorteig aus Mehl und einer Flüssigkeit wie z. B. Wasser oder Milch, der zu einer dicklichen, sämigen Masse eingekocht wird (siehe auch S. 11).

NATRONLAUGE Eine Lösung von Natriumhydroxid in Wasser (NaOH), die für Laugengebäck verwendet wird (siehe S. 40 und S. 78).

POOLISH Teigvorstufe aus Mehl und Wasser zu gleichen Teilen und einer sehr geringen Menge Hefe. Diese Mischung lässt man dann für ca. 8 bis 12 Stunden bei Zimmertemperatur ruhen. Der Poolish verleiht dem fertigen Brot ein intensives Aroma und sorgt für eine längere Frischhaltung (siehe auch S. 11–12).

REIFEN LASSEN Auch Gehzeit oder Gare genannt. Es handelt sich um die Phase zwischen Teigherstellung und Backen, in der der Teig meist stark an Volumen gewinnt.

RUNDSCHLEIFEN Diese Technik wird meist für kleine Teigportionen wie z. B. Brötchen oder Buns verwendet. Dafür werden kleine Teiglinge abgestochen und unter der hohlen Handfläche mit kreisender Bewegung und leichtem Druck auf der Arbeitsfläche zu glatten Kugeln geformt (siehe auch S. 15–16).

RUNDWIRKEN Technik zum Formen größerer runder Brotleibe. Der Teig wird zunächst zu einer Kugel vorgeformt und auf einer bemehlten Arbeitsfläche leicht flach gedrückt. Nun von jeder Seite zur Mitte hin einschlagen und gleichzeitig immer im Uhrzeigesinn drehen, sodass der Teig kreisrund bearbeitet werden kann. Das wiederholt man so lange, bis an der Unterseite eine Kugel entsteht. Danach den Teigling einfach umdrehen (siehe auch S. 15–16).

SALZ-HEFE-GEMISCH Dabei handelt es sich um eine Mischung aus Wasser, Salz und Hefe im Verhältnis 10:1:1. Also beispielsweise 200 ml Wasser, 20 g Salz und 20 g Hefe. Aufgrund des sogenannten Salzstresses bildet die Hefe Glycerin aus, das wiederum als natürliches Backmittel wirkt (siehe auch S. 12).

SAUERTEIG Ein säuerlicher Teig, der auf einer Kombination von natürlich vorkommenden Hefepilzen (wilde Hefe) und nützlichen Laktobakterien (Milchsäurebakterien) basiert, die den Teig langsam fermentieren (siehe S. 12–13).

Mit **WASSER BESPRÜHEN** Dazu verwendet man am besten eine Blumensprühflasche oder einen Zerstäuber. Einfach mit Wasser füllen und den Teig einsprühen. Dies verhindert, dass der Teig austrocknet, und ermöglicht ein besseres Aufgehen.

REZEPTREGISTER

Gebäcke, die vegetarisch, laktosefrei, glutenfrei und/oder frei von raffiniertem Zucker sind, sind bei den Rezepten entsprechend unter der Zutatenliste gekennzeichnet.

BRÖTCHEN UND BUNS

BROTE

KLEINGEBÄCK

KUCHEN UND ZOPF

REZEPTE MIT FLEISCH

REZEPTE MIT HEFE

REZEPTE MIT PIZZATEIG

REZEPTE MIT SAUERTEIG

VEGETARISCHE REZEPTE

ZUTATEN- UND REZEPTREGISTER

Ihr sucht ein ganz bestimmtes Gericht oder nach einer Zubereitungsidee für vorrätige Zutaten? Das Register hilft euch schnell weiter: Alle Rezepte aus diesem Buch und die wichtigsten Komponenten sind hier alphabetisch gelistet.

Bisher von Jo Semola beim
Becker Joest Volk Verlag erschienen:

Auch als E-Book erhältlich!

WAKE & BAKE Jo Semola / 168 Seiten / 21 × 27 cm / ISBN 978-3-95453-302-2 / 28,00 EUR (D), 28,80 EUR (A)

Focaccia

Röggelchen

Bagels

Lunchbox-Brötchen

Kartoffel-Dinkel-Brot

Croissants

Brioche mit süßem Sauerteig

Laugenbrötchen mit Sauerteig

Jos Sauerteig-Hausbrot

VERLAGSDANK Lieber Jo, was für eine Ideen- und Geschmacksexplosion in nur einem Buch! Deine Lust auf Brot in allen vorstellbaren Formen ist in jedem Rezept spürbar. Mit Hingabe und Ideenreichtum hast du eine unglaublich abwechslungsreiche Welt von süßen und herzhaften Snacks auf Brotbasis erschaffen. Du hast damit die Welt des Bread-Pairings auf ein neues Niveau gehoben. Für uns ist dein Buch nach deinem Bestseller „Wake & Bake" ein gewaltiger neuer Aufschlag. Stefan Mungenast, deine langjährige Rezept-Expertise haben dieses Projekt vollendet. Deine Liebe zum Handwerk und deine Geduld auch beim Foodstyling machen das Buch zu etwas ganz Besonderem. Hubertus Schüler, dein Auge für ästhetische Präsentation, gepaart mit einem immer perfekten Licht, sorgen dafür, dass dem Leser bei deinen Rezeptfotos das Wasser im Mund zusammenläuft. Vielen Dank dafür. Martin Steffen, deine Porträts verleihen diesem Buch seinen ganz persönlichen Charakter, vielen Dank! Ganz herzlichen Dank auch an Alexandra Vogel für die tatkräftige Unterstützung im Hintergrund bei dem Projekt. Deine Fröhlichkeit und dein Engagement machen es zu einem Vergnügen, mit dir zusammenzuarbeiten. Der Verlag dankt zudem allen, die zum Gelingen des Buches beigetragen haben. Ein besonderer Dank geht an Şebnem Yavuz für das sehr umfangreiche Rezeptlektorat und an Dr. Felicitas Igel für das Schlusslektorat. Vielen Dank an Anne Krause für Layout, Gestaltung und Buchsatz. Außerdem danken wir unseren Mitarbeiterinnen und Mitarbeitern Claudia Braun, Katerina Stegemann, Annika Steinacker, Lena Vaßen und Markus Neis.

IMPRESSUM

Originalausgabe
Becker Joest Volk Verlag GmbH & Co. KG
Bahnhofsallee 5, 40721 Hilden, Deutschland

1. Auflage September 2024

ISBN 978-3-95453-333-6

AUTOR Jo Semola
CO-AUTOR, FOODSTYLING Stefan Mungenast
FOOD-FOTOGRAFIE Hubertus Schüler
PORTRÄTS Martin Steffen
PROJEKTLEITUNG Claudia Braun
LEITUNG GRAFIK Dipl.-Des. Justyna Schwertner
COVERGESTALTUNG, LAYOUT, BUCHSATZ
Dipl.-Des. Anne Krause
BILDBEARBEITUNG Dipl.-Des. Markus Neis
FACHLEKTORAT REZEPTE Şebnem Yavuz
LEKTORAT Dr. Felicitas Igel
DRUCK Mohn Media Mohndruck GmbH

BEREIT FÜR DEINE #BREADVENTURES?
Poste deine coolsten Brotkreationen und zeig sie uns!
@jo.semola @bjvverlag

BECKER
JOEST
VOLK
VERLAG
www.bjvv.de